Lebensmittel-Lügen

Wie die Food-Branche trickst und tarnt

Autorinnen:

Diplom-Ökotrophologin **Claudia Weiß** arbeitete acht Jahre als Ernährungsfachkraft in der Verbraucherzentrale Baden-Württemberg. Seit Oktober 2010 ist sie als Internetredakteurin für das Portal lebensmittelklarheit.de in der Verbraucherzentrale Hessen sowie als freie Autorin für Fachzeitschriften tätig.

Birgit Klein arbeitete als Lektorin, Autorin und Pressereferentin. Seit 2009 ist sie als Internetredakteurin bei der Verbraucherzentrale Hessen tätig, unter anderem für das Portal lebensmittelklarheit.de.

Diplom-Ökotrophologin **Andrea Schauff** ist seit 1990 in der Verbraucherzentrale Hessen als Referentin im Fachgebiet Lebensmittel und Ernährung mit dem Schwerpunkt Presse- und Öffentlichkeitsarbeit tätig.

Janina Löbel (Kapitel „Schön getrickst? So hilft dieser Ratgeber" und „Politische Forderungen der Verbraucherzentralen") ist Ernährungswissenschaftlerin und koordiniert das Projekt Lebensmittelklarheit beim Verbraucherzentrale Bundesverband.

2. Auflage Februar 2014, 9.–13.000 Exemplare
© Verbraucherzentrale NRW, Düsseldorf

ISBN 978-3-86336-040-5
Printed in Germany. Gedruckt auf 100% Recyclingpapier.

Inhalt

!　Wichtig

Bitte beachten Sie, dass die Produktbeschreibungen den Stand zum Zeitpunkt der Produktmeldung bzw. des Produkteinkaufes wiedergeben. Seit diesem Zeitpunkt können sich die Produktaufmachung, -kennzeichnung und/oder die Zusammensetzung des Produktes geändert haben.

Das Misstrauen der Verbraucher wächst

Verbraucherbefragungen und Studien der letzten Jahre zeigen fast unisono, dass das Misstrauen gegenüber der Lebensmittelindustrie eher zu- als abnimmt. Das hat mehrere Gründe. Ein Grund ist die Vielzahl der Lebensmittelskandale in den vergangenen Jahren. Ob BSE-Krise, Berichte über Klebe-Schinken und Analog-Käse, Dioxin-Eier, EHEC-Ausbrüche und zuletzt auch noch Pferdefleisch in Fertiggerichten: Sie verunsichern Verbraucher. Das zeigt auch das erhöhte Beratungsaufkommen in akuten Phasen der Krisen bei Verbraucherzentralen und im Portal www.lebensmittelklarheit.de.

Misstrauen in Kennzeichnung und Werbung

Aus Sicht der Verbraucher ist der Ruf nach mehr Informationen und Hinweisen auf Lebensmitteln vollkommen nachvollziehbar: Sie wollen sich eigenständig und vor allem bewusst für oder gegen ein Produkt entscheiden. Derzeit ist aber das Misstrauen der Verbraucher gegenüber den Angaben auf der Verpackung groß: Eine im Jahr 2012 von den Verbraucherzentralen in Auftrag gegebene repräsentative Verbraucherbefragung zeigt: Drei Viertel der Befragten sind der Meinung, dass Angaben auf den Verpackungen Produkte besser darstellen, als sie in Wirklichkeit sind. Dass bei den Angaben auf Lebensmitteln viel getrickst wird, glauben laut der Befragung immerhin 72 Prozent der Verbraucher.

Den Herstellern vertraut der überwiegende Teil der Befragten nicht. Laut Eurobarometer 2010 haben

Verbraucher in Deutschland sogar ein wesentlich geringeres Vertrauen in die Lebensmittelhersteller (22 Prozent) als Verbraucher in anderen europäischen Ländern (35 Prozent). Und wenn es um die Qualität der Lebensmittel geht, verlassen sich weit über 60 Prozent der Verbraucher an erster Stelle auf die Stiftung Warentest und Verbraucherschutzorganisationen – so die von Nestlé in Auftrag gegebene Consumers Choice Studie von 2011. Lediglich 18 Prozent vertrauen den Lebensmittelherstellern – denjenigen also, die in Erstverantwortung für die Informationen auf Lebensmittelverpackungen stehen.

Und wie reagieren die Lebensmittelhersteller?

Dass es so nicht weitergehen kann, hat auch die Wirtschaft mittlerweile erkannt, denn unzufriedene Kunden sind schlecht für den Umsatz. Vermutlich aus diesem Grund startete Anfang 2013 die von Vertretern der Lebensmittelwirtschaft groß angelegte „Charmeoffensive" mit dem neu gegründeten Verein „Die Lebensmittelwirtschaft". Sie will aufklären und mit den Verbrauchern in einen Dialog treten. Ob das funktioniert und hilft, das – in vielen Jahren – zerstörte Vertrauen der Verbraucher wieder aufzubauen, wird sich zeigen. Der Erfolg wird enorm davon abhängen, wie weit es mit der angekündigten Transparenz und Dialogbereitschaft her ist. Ist man auf Seiten der Wirtschaft wirklich bereit, Verbrauchermeinungen zu respektieren und vor allem konkret zu berücksichtigen?

Zwar änderten bereits 30 Prozent der Anbieter die Verpackungsaufmachung ihrer im Portal www.lebensmittelklarheit.de dargestellten Produkte und zeigten sich damit zumindest bereit, Verbrauchermeinungen zu berücksichtigen. Meist handelt es sich hierbei jedoch nur um geringfügige Anpassungen oder kleine Veränderungen – teilweise entstanden sogar „Verschlimmbesserungen".

Lebensmittelklarheit – der Impulsgeber

Das Internetportal www.lebensmittelklarheit.de ist seit Juli 2011 online. Es ist ein Gemeinschaftsprojekt der Verbraucherzentralen und des Verbraucherzentrale Bundesverbands (vzbv).

Die Informations- und Austauschplattform soll Verbrauchern Informationen zur Lebensmittelkennzeichnung bereitstellen und eine Diskussion darüber anstoßen. Potenzielle Quellen von Täuschung und Irreführung sollen an konkreten Produkten dargestellt und fragwürdige Kennzeichnungen geändert werden.

Das Portal liefert Ihnen viele Informationen rund um Lebensmittelkennzeichnung, zu Qualitätserwartungen und Werbestrategien der Anbieter. Zusätzlich können Sie Fragen zu diesen Themen an das Expertenforum stellen. Begleitend zum Internetportal beleuchten repräsentative Studien und Verbraucherbefragungen Trends der Lebensmittelvermarktung und Praktiken der Anbieter, die zu Missverständnissen und Täuschungen bei Verbrauchern führen.

Das Bundesverbraucherministerium (BMELV) fördert
das Portal im Rahmen der Initiative „Klarheit und
Wahrheit bei der Kennzeichnung und Aufmachung von
Lebensmitteln".

Was macht dieses Portal so einmalig?

Lebensmittelklarheit.de bietet Ihnen die Möglichkeit,
sich aktiv zu beteiligen. Sie können erstmals Produkte,
durch deren Kennzeichnung oder Aufmachung Sie sich
getäuscht fühlen, per Online-Formular bei der Internetredaktion melden. Das Redaktionsteam schätzt die
Produktmeldungen fachlich ein: Ist die Kritik nachvollziehbar? Zeigt sich ein neuer Aspekt? Wenn ja, bittet
die Redaktion die betroffenen Unternehmen um Stellungnahme. Anschließend finden Sie die Beschwerde
mit dem Kommentar des Anbieters – oder auch mit
dem Hinweis auf eine fehlende Stellungnahme – zusammen mit der fachlichen Einschätzung der Verbraucherzentralen online im Portal. Bei eindeutigen Kenn-
zeichnungsfehlern – zum Beispiel bei einem fehlenden
Mindesthaltbarkeitsdatum – bitten die Experten den
Verbraucher, sich mit seinem Produkt an seine zuständige Lebensmittelüberwachung zu wenden (siehe
Seite 195). Bereits vor seinem Start hatte „Lebensmittelklarheit" die Lebensmittelindustrie in Alarmbereit-
schaft versetzt. Die Hersteller und ihre Dachverbände
sorgten sich offensichtlich um das eigene Image. Man
befürchtete, dass Verbraucher ihrem Unmut über Produkte und Anbieter nun öffentlich freien Lauf lassen
könnten. Dadurch angefeuert, überschlugen sich auch
die Medienberichte bis zum Portalstart: Während viele
Medienvertreter die verstärkte Teilhabe der Verbraucher begrüßten, gipfelten kritische Meldungen in der
Verunglimpfung des Portals als „Internetpranger".

Verbraucherinteresse an mehr Lebensmittelklarheit ist ungebrochen

Dass die Idee der Verbraucherzentralen für ein solches Angebot einen Nerv getroffen hat, zeigt der überwältigende Erfolg: Über 3.800 Produktmeldungen erreichten die Redaktion schon in den ersten Tagen nach dem Onlinegang. Bis zum zweiten Jubiläum im Juli 2013 waren über 11.000 Produktmeldungen und Anfragen an das Expertenforum eingegangen, mehr als 45 Regelungen und Leitsätze im Deutschen Lebensmittelbuch waren die Ursache von Verbraucherbeschwerden. Dass Verbrauchertäuschung kein Einzelfall ist, zeigen auch die Ergebnisse repräsentativer Umfragen im Rahmen des Projektes Lebensmittelklarheit. Der politische Handlungsdruck ist dadurch hoch. Das Interesse der Verbraucher an mehr Lebensmittelklarheit ist weiterhin ungebrochen, das belegen die täglich eingehenden Beschwerden und Fragen im Portal.

Wie wird es weitergehen?

Nicht nur im Onlineportal, sondern auch in den Beratungsstellen der Verbraucherzentralen zeigt sich die große Nachfrage der Verbraucher: Sie wollen sich genau über die Kennzeichnung und Aufmachung von Lebensmitteln informieren. Darum ist dieser Ratgeber nur folgerichtig.

Zum einen liefert er ausführliche Informationen und die wichtigsten Fakten zur Kennzeichnung, zu aktuellen Trends und zu Tricks der Branche. Zum anderen war es an der Zeit, die wesentlichen Ergebnisse aus den im Internetportal www.lebensmittelklarheit.de dargestellten Produktmeldungen vorzustellen und auch denen zugänglich zu machen, die das Internet nicht nutzen können oder möchten. Zudem ist mit einer Darstellung in Buchform immer auch eine Verstetigung und nachhaltigere Wirkung von Inhalten und Meinungen verbunden. Es soll nicht zuletzt eine noch breitere gesellschaftliche Debatte angestoßen werden. Der Ratgeber soll Probleme sichtbar machen und Verbraucher dabei unterstützen, Kennzeichnungsfallen und Werbelügen bei Lebensmitteln zu erkennen.

Rechtlich konkrete Regelungen sind nötig!

Allein durch einen Ratgeber können die Ursachen von missverständlicher Kennzeichnung und Aufmachung nicht beseitigt werden. Sie liegen in den unklaren und mit zu großen Auslegungsspielräumen versehenen rechtlichen Grundlagen. Dazu kommt, dass die Frage nach der täuschenden Aufmachung im Zweifel in jedem Einzelfall durch eine richterliche Entscheidung geklärt werden muss.

Stattdessen sollten die rechtlichen Regelungen angepasst werden. Die Lobby der lebensmittelproduzierenden Wirtschaft weiß jedoch seit vielen Jahren erfolgreich zu verhindern, dass rechtliche Regelungen konkreter und vor allem am Verbraucherverständnis ausgerichtet werden. Die kürzlich verabschiedete und ab Ende 2016 in Gänze gültige Lebensmittelinformationsverordnung ist das beste Beispiel dafür, dass groß angelegte und hoch finanzierte Lobbykampagnen der Wirtschaft Erfolg haben. Viele weitgreifende Verbesserungen für die Verpackungsgestaltung mit den wesentlichen Informationen, die aus Sicht der Verbrauchervertreter sinnvoll gewesen wären, wurden durch erfolgreiches Agieren der Hersteller verwässert, entfernt oder mit langen Übergangsfristen zu zahnlosen Tigern gemacht.

Dieser Ratgeber
- klärt auf – mit vielen anschaulichen Produkt-Beispielen
- zeigt, wie Sie die Kennzeichnung konkreter Produkte kritisch unter die Lupe nehmen
- warnt, bei welchen Formulierungen oder Werbeslogans und bei welcher Produktaufmachung Sie hellhörig werden und das fragliche Produkt schon im Laden genauer prüfen sollten
- enthüllt, welche Marketing-Trends Sie zum Kauf animieren sollen und wo Sehnsüchte bedient werden, die Sie vielleicht unterbewusst haben

! Achtung

Der Ratgeber stärkt die Konsumenten in ihren Entscheidungen. Das allein reicht aber nicht: Verbraucher müssen auf die versprochene Qualität und die Kennzeichnung von Lebensmitteln vertrauen können. Der Gesetzgeber ist deshalb gefordert, für Regelungen zu sorgen, die Klarheit schaffen statt Täuschung zu ermöglichen (siehe auch Seite 210).

Von der Bedarfsdeckung zur Bedarfsweckung

Essen muss der Mensch. Doch welche Lebensmittel er isst und wie er an die Produkte kommt, das hat sich im Laufe der letzten Jahrhunderte stark verändert. Auch der Handel mit Lebensmitteln unterlag einem dramatischen Wandel – vom Tauschhandel über das Feilbieten der Ware durch den Kleinhändler bis zu den Erlebnis-Einkaufsmärkten und den heutzutage ausgebufften Marketingstrategien der Lebensmittelkonzerne.

Mit der Industrialisierung im 19. Jahrhundert veränderte sich auch die Lebensweise entscheidend: Immer mehr Menschen verließen die kargen und verarmten ländlichen Regionen, um in der Stadt ihren Lebensunterhalt zu verdienen. Um 1850 machte ihr Anteil an der Stadtbevölkerung im europäischen Durchschnitt etwa ein Fünftel aus, um 1919 lag er bei weit über 40 Prozent. Viele von ihnen verloren damit die Möglichkeit, sich selbst erzeugte oder untereinander getauschte Lebensmitteln zu beschaffen. Sie waren nun auf den Einkauf in den Städten angewiesen – auf den Gang zum Markt oder zum Krämer.

Nur wenige Produkte des alltäglichen Bedarfs waren in Papier oder in Schachteln mit Etiketten verpackt. Das meiste lagerte dort als lose Ware und wurde auf Käuferwunsch hin abgewogen. Flüssigkeiten füllte der Händler aus Fässern, Zapfhähnen oder Milchkannen in mitgebrachte Gefäße ab – im „kleinen" Lebensmitteleinzelhandel hielt sich diese Verkaufsform bis in die 1960er Jahre!

Wer konnte, versorgte sich in der Stadt aus dem eigenen Schrebergarten. Das klassische Haltbarmachen (Trocknen, Räuchern, Pökeln, Einsäuern) ließ sich in den beengten Mietwohnungen aber nicht durchführen. Und eine größere Vorratslagerung war nicht praktizierbar.

Der Handel erkannte den daraus entstehenden Bedarf und bot zum Ausgleich verstärkt erste konservierte und verarbeitete Produkte an. So entstand um 1900 eine Konservenindustrie und Produktionsprozesse wurden durch den technischen Fortschritt mechanisiert. Dabei setzten die Hersteller auch bereits zunehmend zahlreiche Konservierungsstoffe wie Benzoesäure oder Borsäure ein. Erste Auseinandersetzungen über deren gesundheitliche Auswirkungen führten dazu, dass einige Substanzen gesetzlich verboten oder ihre Verwendung eingeschränkt und ab bestimmten Mengen kennzeichnungspflichtig wurde.

Margarine, Brühwürfel, Erbswurst – Erfindungen des 19. Jahrhunderts

In dieser Zeit der Veränderung entstand auch die moderne Lebensmittelindustrie: Mit der neuen Arbeits- und Wohnsituation wandelten sich die Ernährungsformen. Manche Erfindung – wie zum Beispiel Margarine, Erbswurst, Schmelzkäse oder löslicher Bohnenkaffee – und deren Verbreitung beruhte auf dem Gedanken, in Kriegszeiten sowohl die Truppen als auch die Zivilbevölkerung zu versorgen. Darüber hinaus hatte die Industrie im zivilen Leben zwei Zielgruppen im Visier: Einerseits das gutsituierte und zahlungskräftige Bürgertum, das repräsentative Diners in Gesellschaft schätzte und dem man exquisite Lebensmittel und Delikatessen anbieten und verkaufen

konnte, und andererseits die Masse der einfachen Verbraucher – meist Arbeiterfamilien, die auf preiswerte,
sättigende Lebensmittel angewiesen war.

Vielen waren deshalb zum Beispiel die neuen Sup-
penmischungen, „Erfindungen" von Maggi, höchst
willkommen. Und mancher Werbung für die Innovation
lag durchaus ein gemeinnütziges Motiv zugrunde: So
bewarb die „Schweizerische Gemeinnützige Gesellschaft" auf Anregung eines Schweizer Arztes die neuen
Maggi-Suppen, weil sie auf dem Mehl von Hülsenfrüch-
ten basierten. Damit sollte die Eiweißversorgung der
Arbeiter verbessert werden.

Industrieprodukte erobern den Markt

In den Städten etablierten sich Warenhäuser mit
großen Flächen und einem vielfältigen Angebot. Das
Berliner Kaufhaus des Westens (KaDeWe) eröffnete
1907 und richtete in den 1920er Jahren seine be-
rühmte Feinkostabteilung ein. Größere Unternehmen
organisierten Filialsysteme und schufen damit bereits
überregional einheitliche Sortimente – die Abnahme
größerer Mengen verschaffte ihnen günstigere Ein-
kaufspreise. Diese neuen Präsentations- und Verkaufs-
formen begannen, den klassischen Kleinhandel zu
verdrängen. Bäcker, Konditoren und Fleischer waren
anfangs davon nicht betroffen. Sie verbreiterten ihr
Angebot um Fabrikwaren. Werbung eroberte die Litfaß-
säulen, aufwändige Schaufensterauslagen zogen die
Aufmerksamkeit der Passanten auf sich, Tafeln, Email-
schilder und Zeitungsanzeigen warben für Sekt, Schokolade, Kaffee oder Tee. Die Werbung konzentrierte
sich zunächst auf Genussmittel, für die man neue
Käuferschichten erschließen wollte. In Werbeanzeigen
wurden Bilder immer wichtiger. Sie bezogen sich häu-

fig auf gesellschaftliche Ereignisse mit Prestige, wie
zum Beispiel festliche Bälle; die Bezeichnung „Hoflie-
ferant", mit der sich Hersteller schmückten, vermittelte
dem „normalen" Käufer das Gefühl, einem exklusiven
Kundenkreis anzugehören.

Aber auch die neuen, stark verarbeiteten Lebensmittel wie Margarine, Fleischextrakt oder Suppenwürze
mussten beworben werden – waren sie doch meist ein
preisgünstigeres „Ersatzlebensmittel" für diejenigen,
die sich den Genuss des Originals nicht immer leisten
konnten.

Gut zu wissen

Werbung (in ihren Anfängen eher Reklame genannt) war bis in die Mitte des 19. Jahrhunderts nicht verbreitet. Vom Mittelalter bis ins 18. Jahrhundert organisierten sich die „Hersteller" in Zünften, die ihnen Gebietsschutz gewährten. Das Abwerben von Kundschaft galt als verpönt. Die Polizei- und Gewerbeordnung untersagte auch noch zu Beginn des 19. Jahrhunderts den Einzelhändlern weitestgehend Werbung: So war es verboten, Handzettel mit festen Preisen zu verteilen und damit Kunden anzulocken. Die Absatzmärkte waren zudem auf kleine Einzugsgebiete beschränkt und die Verbreitung der Waren damit stark eingegrenzt, das Angebot jahreszeitlich und regional geprägt. Erst mit der zunehmenden Mobilität der Menschen und Waren im Kontext der industriellen Revolution und des Ausbaus der Eisenbahnnetze wurde Reklame ein Thema. Um 1850 erblühte mit dem Wegfall der Zensurgesetze der Zeitungs- und Zeitschriftenmarkt. Werbeanzeigen wurden zu einem großen Wirtschaftsfaktor – sowohl für die Zeitungen, die sich zu Teilen über Anzeigen finanzierten, als auch für die Hersteller – und die in ihrem Auftrag Werbetreibenden!

Dieser Wandel brachte auch eine größere Konkurrenz ins Geschäft mit gleichartigen und qualitativ ähnlichen Produkten, die jetzt überall zu haben waren: Schokolade, Kaffee und Kaffeesurrogate, Kekse, Fleischextrakt, Fertigsuppen, Suppenwürze, Margarine, Backpulver. Die Produkte wurden in der Fabrik verpackt und etikettiert.

Werbung: Von der Bedarfsdeckung zur Bedarfsweckung

Die unmittelbare Bedarfsdeckung stand nun nicht mehr im Mittelpunkt und das Zeitalter der Marken begann: Der Käufer hatte die Wahl – und wurde deshalb fortan umworben. Die Vorzüge des eigenen Produkts mussten geschickt bebildert und in den Köpfen der Menschen verankert werden. Dazu brauchte die Marke ein individuelles Erscheinungsbild – einen einprägsamen Namen, eine Verpackung mit Wiedererkennungswert, eine Botschaft, die über den Gebrauchswert der Ware hinausging und die Emotionen der Käufer ansprechen sollte. Die Gegenleistung des Anbieters für die Markentreue des Kunden: eine gleichbleibende und damit verlässliche Qualität.

Die Werbestrategie knüpfte an Vergangenes an. Schon vor Ende des 19. Jahrhunderts führten Unternehmen vergleichbare große Werbefeldzüge für Produkte einer bestimmten Marke in zwei Phasen durch: Werbeflächen, Inserate oder Tafeln mit einprägsamen Slogans

lenkten die Aufmerksamkeit auf das Produkt; im zweiten Schritt mussten die eigenen Marktanteile gegen Konkurrenten verteidigt werden. Beliebte Instrumente dafür waren „Gimmicks" wie Sammelbildchen, Werbegeschenke oder Preiswettbewerbe.

Auch Gutachten über die Nützlichkeit des eigenen Produkts oder gesundheitsbezogene Werbeaussagen wurden gerne eingesetzt. Süßwaren mit Gesundheitseffekt sollten etwa Stollwerck-Schokoladen mit dem neuen „Liebigs Fleischextrakt" oder „Osta"-Schokolade zur Verbesserung des Knochenwachstums und der Zahnung sein. Coca-Cola bewarb sein Erfrischungsgetränk als „ideales Tonikum gegen Kopfschmerz, Müdigkeit und Übelsein". „Migräkolade", die Schokolade gegen Migräne, hatte allerdings wie viele dieser Produkte keinen nachhaltigen Erfolg, der angeblich bazillentötende „Georg Pohl's Familientee" wurde als Schwindel entlarvt – und die Werbung mit gesundheitsbezogenen Aussagen in Bezug auf Lebensmittel 1903 erstmals gesetzlich geregelt!

Geschichte des Supermarkts

„Bediene dich selbst" – Der Siegeszug der SB-Läden

In den USA testeten findige Unternehmer bereits zwischen 1910 und 1930 diverse Modelle, die auf Selbstbedienung (SB) und ein breites Produktangebot inklusive Non-Food-Artikel setzten. Auch damals rechneten die Betreiber schon mit der Mischkalkulation: Um Kunden anzulocken und dazu zu verleiten, alles an einem Ort – nämlich bei ihnen – zu kaufen, nahmen sie in Kauf, einige Artikel zum Selbstkostenpreis abzu-

geben. Bei anderen Artikeln, die der Kunde dann statt
in unterschiedlichen Geschäften ebenfalls dort kauft
(das Prinzip wird in der modernen Marketing-Sprache
One-stop-shopping genannt), gleicht eine höhere
Gewinnspanne dies wieder aus. Das funktioniert bis
heute so.

⋮ Gut zu wissen

Der Begriff Supermarket stammt aus dem Jahr 1936.
W. H. Albers eröffnete in den USA sein erstes Selbstbedienungsgeschäft unter diesem Namen.

Die Verbreitung des SB-Konzepts in Deutschland
setzte erst nach dem Zweiten Weltkrieg ein. Das erste
Selbstbedienungsgeschäft war ein Laden der Einkaufs-
genossenschaft „Konsum" in Hamburg (1949); ein

Jahr später gab es in Westdeutschland bereits 38 SB-Läden, und der Wandel vom traditionellen Laden mit Bedientheke zur Selbstbedienung war ungebremst: 1955 waren es 203, 1960 schon 17.132. Den Lebensmittelherstellern war klar: Verpackte Ware „spricht" direkt zum Kunden und muss für Qualität werben, für die zuvor im Zweifelsfall der Ladenbesitzer oder die Verkäufer einstanden.

Um Kunden die ungewohnte Art des Einkaufens näherzubringen, verteilten die Ladenbetreiber am Eingang Bediene-dich-selbst-Anleitungen. Sie versprachen entspanntes und selbstbestimmtes, dabei zeitsparendes Einkaufen: Kein nerviges Anstehen an der Ladentheke, kein Abwiegen der losen Ware, kein Verpacken.

Die Kunden wurden dafür durch die Aufstellung der Regale möglichst am kompletten Sortiment entlanggeführt. Und weil so viel Ware „greifbar" und in passenden Portionen vorverpackt präsentiert wurde, fand beim Einkauf auch viel Ungeplantes den Weg in den Einkaufswagen – was bereits in ersten Zeitungsberichten über die neuen SB-Läden kritisch gesehen wurde.

Vom Korb zum Wagen

Das Prinzip der Selbstbedienung und das erweiterte Sortiment legten es nahe, dem Kunden einen bequemen Transport seines Einkaufs durch den Laden zur Kasse zu ermöglichen. Denn wer die Hände voll hat oder den schweren Einkaufskorb schleppt, kauft vermutlich weniger ein. Ein komfortables und leichtgängiges Transportmittel etablierte sich: der Drahtkorbwagen.

Warum gleichen sich noch heutzutage die – durchaus praktischen – Einkaufswagen fast weltweit in

Aussehen und Funktion? Ein findiger bayerischer
Wagenbauer, Rudolf Wanzl, ließ sich das Konzept der
ineinander schiebbaren Drahtkorbwagen im Jahr 1951
patentieren. Um den Kunden mehr Komfort zu bieten
und ihre Shoppingtour möglichst zu verlängern, existiert der Klassiker mittlerweile in vielen Varianten: mit
Kindersitz, mit Platz für eine Babyschale, mit Vorrich-
tungen für Kleiderhaken. Manche Wagen sind sogar
mit Lupen ausgestattet, die sehbehinderten Menschen
helfen. Und selbst Kunden, die gut sehen, können das
Kleingedruckte auf den Verpackungen so schneller
entziffern. Wie groß der Einkaufswagen ist, variiert oft
von Land zu Land mit den Einkaufsgewohnheiten, aber
auch mit den jeweiligen räumlichen Gegebenheiten
der Märkte.

Der Einkaufswagen ist geräumig, sodass Sie nicht
gleich das Gefühl haben, viel gekauft zu haben, wenn
nur ein paar Artikel darin liegen. Er soll aber auch nicht
zu groß sein, sodass Ihre Beute darin gänzlich verloren
herumkullert. Apropos herumkullern: Dass die Wagen
in der Regel schräg abfallen – und zwar zu Ihrem Körper hin – ist kein Zufall. Was Sie bereits in den Wagen
gelegt haben, hat die Tendenz, nach hinten zu rutschen
– und damit aus Ihrem Blickfeld zu verschwinden! Und
praktischerweise wird die Einkaufskarre auch umso
leichtgängiger, je voller sie geladen ist – ein Schelm,
der Böses dabei denkt!

Verpackung auf dem Vormarsch

In den 1950er Jahren fand bereits vorverpacktes
frisches Fleisch den Weg in die Selbstbedienungsläden und damit in die Einkaufskörbe der Verbraucher:
Vorreiter war hier die Firma Johs. Schmidt in Hamburg
(1955). Wenige Jahre später integrierte sie in einer

anderen Filiale eine Bäckerei samt Konditorei. Den
Gang zum Fleischer und zum Bäcker wollte man Verbrauchern ersparen und lieber auch diesen Bedarf
selbst decken. Das Prinzip „alles unter einem Dach"
war erfolgreich durchgesetzt und wurde vor allem von
jüngeren Frauen geschätzt. Der Trend zur schnellen
Verfügbarkeit von Lebensmitteln verstärkte sich durch
die steigende Erwerbstätigkeit von Frauen. Auch Fertiggerichte (engl.: Convenience-Food = bequemes
Essen) fanden Anklang und den Weg in die Regale der
Lebensmittelmärkte.

„Sprechendes Etikett" – Forderung der Verbraucherverbände seit 1959

Das Selbstbedienungsprinzip macht eine verbindliche
und verlässliche Kennzeichnung auf der Ware dringend
notwendig. Der Dialog zwischen der „stummen" Ware
und dem Kunden muss nun das Gespräch mit einem

kundigen Verkäufer ersetzen. Die Verpackung darf deshalb nicht nur die Bühne des Produktmarketings sein. In den 1950er Jahren waren das Forderungen der Arbeitsgemeinschaft der Verbraucherverbände (AgV), die heute selbstverständlich sind: So forderte die AgV zum Beispiel auch, dass Verpackungen „Gebrauchsanweisungen" oder andere praktische Hinweise enthalten, dass sie eine Liste der Zutaten tragen – ebenso die verpflichtende Füllmengenangabe!

Gut zu wissen

Das erste Gesetz aus dem Jahr 1879 (Nahrungsmittelgesetz) enthielt hauptsächlich Regelungen zum Schutz der Verbraucher vor verdorbenen, nachgemachten oder verfälschten Lebensmitteln. Es begründete die Kontrolle in Form einer staatlichen Lebensmittelüberwachung. Ein Verbot irreführender Bezeichnungen wurde aber erst erheblich später eingeführt. Das überarbeitete Lebensmittelgesetz aus dem Jahr 1958 schließlich forderte für alle „Fremdstoffe" (heute: Zusatzstoffe) eine Kennzeichnungspflicht und untersagte das Verwenden von nicht zugelassenen Stoffen. Allerdings wurden auch damals schon durch allerhand Verordnungen bestimmte Lebensmittelgruppen von der Kennzeichnungspflicht ausgenommen.

Ausführliche Vorschriften, wie ein Lebensmittel zu kennzeichnen ist, sind erst seit den 1970er Jahren in Gesetzen niedergelegt. Die noch heute verpflichtenden Kennzeichnungselemente (siehe Klappentext) wurden hier erstmals festgeschrieben.

**Korrekte und klare Kennzeichnung –
Probleme gestern wie heute**

Tauziehen um das Mindesthaltbarkeitsdatum

Dass das Mindesthaltbarkeitsdatum (MHD) heutzutage
auf nahezu allen verpackten Lebensmitteln zu finden
ist, war das Ergebnis zäher Auseinandersetzungen
zwischen dem Parlament, dem Gesetzgeber und den
Lobbyisten der Lebensmittelindustrie und des Han-
dels: Schon in den 1950er Jahren hatten Vertreter des
Bundesrats gefordert, mit der Regelung der Kennzeichnung von Zusatzstoffen auch die Angaben zur Haltbarkeit zu regeln. Auf der Ware sollte zumindest die
Angabe des Herstellungs- oder Verpackungsdatums
verpflichtend sein. Und das auf eine Weise, die für die
Käufer auch verständlich ist, und nicht in Form eines
„Geheimcodes".

Mit dem Argument, die Händler würden dann auf
einem Großteil ihrer Ware sitzen bleiben, weil die
Käufer immer nur das „allerfrischste" Produkt kaufen und das nur wenig ältere verschmähen würden,
schmetterte man die Forderung, die Haltbarkeit zu
kennzeichnen, lange Zeit ab. Auch damals schon wurden exorbitante Preissteigerungen zu Lasten der Verbraucher vorausgesagt, wenn solche Kennzeichnungen
verpflichtend würden.

1966 erließ die Regierung in Bonn schließlich doch
verbindliche Kennzeichnungsvorschriften. Von nun
an musste entweder das Ende der Haltbarkeit des
Produkts oder aber das Herstellungsdatum auf dem
Lebensmittel angegeben werden. Diese Wahlfreiheit
war aber nicht im Sinne der Verbraucher: Kaum ein
Hersteller wollte sich auf ein Datum festlegen, ab

dem er vom Verzehr seiner Ware abriet. Ein Grund dafür war die Befürchtung, dass die Lagerung nach dem Kauf diesen Faktor beeinflussen konnte. Und so oblag es oftmals wieder dem Käufer zu entscheiden, ob er ein Lebensmittel noch für verzehrbar hielt oder nicht.

> **! Achtung**
>
> Große Geheimniskrämerei gab es bei der Butter: Noch in den 1960er Jahren wurde auf der Butterverpackung der „Tag der Ausformung" mit einem verzwickten Code deklariert: Basis waren dafür die zehn Buchstaben des Wortes „Milchprobe", denen Ziffern zugeordnet waren: M (1), I (2), L (3) und so weiter bis hin zum E für die Ziffer 0. Es wurde also kein konkretes Datum, sondern nur der Tag des Jahres benannt: Die Kennzeichnung „LEH" bedeutete, dass die Butter am 305. Tag (LEH) des Jahres, also am 1. November ausgeformt worden war.

Schwund in Tüten – Ärger um die Füllmenge

Zu Beginn der 1960er Jahre waren, wie das Magazin „Der Spiegel" 1963 bemerkte, bereits neun von zehn Lebensmitteln in westdeutschen Läden maschinell abgewogen und verpackt. Händler und Kunden mussten den Angaben zur Füllmenge vertrauen, die die Hersteller auf ihren Verpackungen machten. Aber schon damals stellte die Lebensmittelüberwachung bei Stichproben Mängel fest: Über die Hälfte der Waren wies weniger als das angegebene Gewicht auf, über zehn Prozent der Packungen sogar weniger als 90 Prozent des deklarierten Gewichts. Die „Bild"-Zeitung enthüllte wenige Jahre zuvor in aufsehenerregender Weise, dass ein Hamburger Kaffeeröster jahrelang die Verpackung seines Kaffees mitgewogen und so in der Masse be-

trächtliche Einsparungen beim teuren Rohstoff Kaffee
erzielt hätte.

Damals wie heute – Verbraucher ärgern sich über
unterschiedliche Packungsgrößen und -formate,
die den Preisvergleich erschweren, über heimliche
Preiserhöhung durch eine verringerte Füllmenge, über
Verpackungen mit viel Luft, die einen größeren Inhalt
vortäuschen, und über irreführende oder falsche Ge-
wichtsangaben.

Gut zu wissen

Auch in der DDR nahmen die industrielle Lebensmittelproduktion und die Verbreitung von Instant-Produkten
in den 1950er und 1960er Jahren nochmals zu. Da De-
visen knapp waren, sollten sie im Land und möglichst
aus eigenen Rohstoffen erzeugt werden. Instant-Ge-
tränkepulver und die in einem besonderen Verfahren
hergestellten schnellgarenden Tempo-Hülsenfrüchte
fanden ihren Weg in die Einkaufstaschen. Verpackungsmaterial allerdings war aufwändig und teuer, da
nur mit hohem Rohstoffeinsatz herzustellen – und so
trat das Problem der übergroßen Mogelpackung wohl
schon aus diesem Grund nicht auf. Und da Grundnah-
rungsmittel subventioniert und zu mehr oder weniger
einheitlichen Preisen abgegeben wurden, Lebensmittelproduktion und Vertrieb weitgehend staatlich
organisiert waren und die Konkurrenz gleichartiger
Produkte so kaum von Bedeutung war, blieb den Verbrauchern manches Ärgernis erspart!

Lifestyle, Genuss oder Sicherheit: Die Marke erfüllt alle Wünsche

Auch wer sich heutzutage als „Werbeverweigerer" vor der Masse der wöchentlich (!) ca. 400 Millionen verteilten Werbeprospekte schützt, ist einer Informationsflut ausgesetzt. Täglich erreichen rund 3.000 Marken- oder Marketingbotschaften unser Hirn: Wir sehen Produkte, Plakatwerbung, Internet-Anzeigen oder zahlreiche andere Werbeträger. Eine neue Marke, ein neues Produkt zu etablieren ist schon deshalb im Zeitalter gesättigter Lebensmittelmärkte keine einfache Sache, und die Strategie ihrer Einführung wird mit großem Aufwand geplant.

Pro Jahr kommen in Deutschland etwa 30.000 neue Lebensmittel auf den Markt. Vielfach handelt es sich dabei um Varianten bereits eingeführter Produkte oder um sogenannte Me-too-Produkte, also Nachahmungen anderer Hersteller oder Handelsmarken. Etwa die Hälfte der Produkte überlebt kein Jahr, und weitere 25 Prozent werden mittelfristig wieder vom Markt genommen. Derzeit sind ca. 100.000 mehr oder weniger unterschiedliche Lebensmittel am Markt.

Wie man uns zum Kaufen bringt

Schon Ende der 1950er Jahre war die Verkaufspsychologie ein großes Thema. In Umfragen und Studien fand man heraus, dass 80 Prozent der Käuferinnen – denn Frauen waren vorzugsweise für den (SB-)Lebensmitteleinkauf zuständig – noch „Platz" für ungeplante Zusatzkäufe haben.

Aber wie bewegt man die Kundschaft dazu, mehr zu kaufen als sie eigentlich braucht? Viel Hirnschmalz

wurde und wird darin investiert und viel Geld dafür
ausgegeben, Konzepte zu erarbeiten, wie und wo
man Produkte optimal platziert – in den Köpfen und
in den Regalen. Heutzutage nutzt die Marktforschung
Kundenlaufstudien, Wärmebildkameras und Blickauf-
zeichnungsgeräte (Eye Tracking), um den Kunden „ins
Hirn zu schauen". Ein aktueller Ansatz daneben ist
Neuromarketing: Diese Disziplin will die Erkenntnisse
der Hirnforschung für die Marktforschung (und damit
für die Wirtschaft) produktiv machen. Ihre Ergebnisse
beeinflussen sowohl die Gestaltung von Marken und
deren Werbung als auch die von Supermärkten. Neuromarketing erforscht die Motiv- und Emotionssysteme
des Gehirns, weil die Beobachtung des Konsumverhal-
tens oftmals zeigt, dass Käufer sich anders einschätzen als sie sich tatsächlich verhalten. Die Grundthese:
Rationale Entscheidungen sind die Ausnahme. Stattdessen treffen wir 70 bis 80 Prozent unserer Entscheidungen unbewusst oder nach bestimmten bewährten
Schemata. Wer diese Emotions- und Verhaltensmuster
durchschaut, hat also – so die Überzeugung der Be-
gründer dieser Theorie – die Macht, in weiten Teilen
das Verhalten der Kunden vorauszusagen und ihre
Kaufbereitschaft gezielt durch die Gestaltung des
Ladens und des Sortiments zu beeinflussen. Damit
kann die Ware möglichst effizient an die Kundschaft
gebracht werden. Denn vor die Wahl zwischen zwei
Produkten gestellt, gleiche unser Gehirn seine Wün-
sche und Motive mit dem „emotionalen Angebot" ab,
das diese machen. Verspricht eines davon mehr Befrie-
digung als das andere, ist die Kaufentscheidung jen-
seits aller Rationalität getroffen. Eine bekannte Marke
„entlastet" das Hirn sogar noch von diesem Entschei-
dungsprozess. Sie ruft Assoziationen ab, und sie kann
das Produkt mit positiven Emotionen aufladen.

Das **Neuromarketing** teilt uns Konsumenten in sieben Typen ein – und versucht, unsere Bedürfnisse damit optimal zu steuern. Erkennen Sie sich wieder?

Der Traditionalist: Dieser Typ ist ein Stammkunde und Traditionskäufer mit Massengeschmack; er ist beratungsbedürftig und interessiert sich für Gesundheitsthemen.

Der Harmonisierer: Sein Konsumverhalten ist ähnlich wie das des Traditionalisten, mit einem Schwerpunkt auf Heim, Herd und Selbstgemachtem.

Der Genießer: Er kauft Produkte mit hohem Genusswert, die die Fantasie anregen. Ansprechen werden ihn Marken mit Erlebnischarakter.

Der Hedonist: Er ist dauernd auf der Suche nach Trends und neuen Produkten, hat aber nur geringe „Treue" zu Marken oder Einkaufsstätten.

Der Abenteurer: Er ist der Hedonist mit kämpferischer Komponente, bei dem Leistungssteigerung im Mittelpunkt steht. Er will nicht beraten werden und ist dem Ort seiner Einkäufe auch nicht treu.

Der Performer: Er kauft Exklusivität, wo sie sichtbar ist – Statutssymbole, Kleidung, Produkte, die nach außen Kennerschaft signalisieren. Ein Sparbrötchen ist er aber, wo's keiner sieht: Bei alltäglichen Produkten wie Salz, Mehl, Milch oder Putzmittel.

Der Disziplinierte: Dieser Typ kauft nur, was er braucht. Qualität und ein objektives Urteil (zum Beispiel Beurteilungen der Stiftung Warentest) sind ihm wichtig. Er schätzt ein eingeschränktes Sortiment, um Entscheidungsprozesse zu vermeiden.

Einkaufsfalle Supermarkt – Wie wir als Käufer funktionieren sollen

Zum Verweilen bringen und Wohlbefinden schaffen

Kunden sollen möglichst lange im Geschäft gehalten werden: Wer länger bleibt, kauft mehr. Betritt der Kunde den Markt, muss er zuerst „ausgebremst" und auf die neue Umgebung eingestellt werden. Das kann zum Beispiel durch eine Drehtür geschehen, in der man sein Tempo nicht selbst bestimmt, oder durch die Gestaltung des Eingangsbereichs mit kleinen „Inseln" wie Obst- und Gemüsetische, die das Flair eines Marktstandes haben. Die optimale Temperatur und Luftfeuchtigkeit, passende Gerüche, oft über Klimaanlagen verteilt und so dosiert, dass sie kurz unter der Wahrnehmungsschwelle bleiben, Musik im Ruhepulstakt, manchmal sogar Ruhezonen im Laden – das alles soll uns das Verweilen angenehm machen und zum Kaufen animieren.

Haben Sie die Bremszone im Eingangsbereich passiert, sind Sie nur noch eingeschränkt in der Lage, Ihren Weg selbst zu bestimmen. Schon in den ersten Selbstbedienungsläden galt die Devise: Führe den Kunden möglichst an deinem gesamten Sortiment vorbei. Abkürzungen auf dem Weg zur Kasse existieren nicht oder sind schwer zu finden. Damit sollen Sie zu Spontankäufen verleitet werden.

Übrigens sind fast alle Märkte so angelegt, dass wir uns auf dem Weg vom Eingang zur Kasse gegen den Uhrzeigersinn bewegen. Diese Laufrichtung schafft mehr Wohlbefinden – die Gründe dafür sind nicht völlig geklärt. Versuche mit einer anderen Wegführung ergaben aber signifikant weniger Umsatz.

[] Tipp

Am einfachsten wappnen Sie sich gegen diese Ver-
führung, wenn Sie sich vor dem Einkauf eine Liste
machen. Fragen Sie sich im Geschäft bei jedem verlo-
ckendem Artikel, der nicht auf der Liste steht, ob Sie
ihn wirklich brauchen.
Planen Sie einen überschaubaren Einkauf, dann verzichten Sie auch mal auf einen Einkaufswagen. Wer seinen
Einkauf trägt, hat weniger Stauraum – dafür aber mehr
Gefühl dafür, wie viel er bereits ausgewählt hat.

Lage, Lage, Lage!

Was für Immobilien gilt, ist auch auf Lebensmittel
übertragbar: Es gibt attraktive und weniger attraktive
Platzierungen im Regal. Man unterscheidet zwischen
Bück-, Greif- und Sicht- sowie Reckzone. Für Produkte,
die griffbereit in Augenhöhe stehen, ist die Kaufwahr-
scheinlichkeit am höchsten – und natürlich ist dieser
Platz für die teuren Produkte und diejenigen mit den
höchsten Gewinnspannen reserviert. In den Reck- und
Bückzonen befinden sich die preisgünstigeren Pro-
dukte. Artikel, die für Kinder gedacht sind – wie zum
Beispiel bunte Frühstückspops – sind oft auf deren
Augenhöhe platziert.

Erfahrungsgemäß lesen wir ein Regal wie einen Text –
nämlich von links nach rechts. Am Ende der „Zeile"
halten wir kurz inne – und dort sind ebenfalls die
teureren Artikel platziert. (In Ländern, wo von rechts
nach links geschrieben und gelesen wird, ist das übrigens umgekehrt!) Auch am Anfang eines jeden Ganges
sind die potenziellen Käufer oft noch zu schnell unterwegs. Dort platzierte Waren werden eher übersehen.

Erst nachdem ein Drittel der Regale in einem Gang passiert ist, steigt die Aufmerksamkeit. Um in unser Bewusstsein einzudringen, braucht die Ware eine bestimmte Präsenz im Regal. Als „Kontaktstrecke" für einen ausreichenden Blickkontakt wurden ca. 30 Zentimeter definiert. Bei kleineren Artikeln stehen deshalb mehrere nebeneinander, bis diese Breite in etwa erreicht ist.

Die Würzzubereitung beim Frischfleisch, die Fertigsauce beim Gemüse, Wein und Knabbereien in unmittelbarer Nähe, Thementische oder die gesamte Warenpräsentation angepasst an den Tagesablauf mit Frühstück, Mittag- und Abendessen: Auch diese Platzierungen sollen dazu verleiten, mehr „mitzunehmen" als wir brauchen. Bei „zusammengehörigen" Artikeln wird derjenige, der eher zum Impulskauf verleiten soll – den man also „zufällig auch" dort antrifft, wo man etwas sucht – übrigens gerne in Sichthöhe platziert ...

Eine Präsentation, die mehrere Sinne gleichzeitig anspricht, also zum Beispiel einen attraktiven optischen und einen angenehmen Geruchsreiz gemeinsam bietet, erhöht übrigens angeblich die Preisbereitschaft um 300 Prozent. Das kann etwa ein schön drapiertes Angebot an Südfrüchten sein, an dem Zitrusaroma verströmt wird.

[] Tipp

Nutzen Sie den Einkauf für zusätzliche Bewegung! Bücken und Strecken vor dem Regal verschafft Ihnen den Überblick über vergleichbare, aber günstigere Produkte. Aufschluss über die Qualität bzw. Zusammensetzung eines Produkts gibt nur die Zutatenliste (siehe Seite 51). Sie – und nicht die besonders edle oder originelle Aufmachung des Produkts oder das üppige Arrangement – sollte maßgeblich für Ihre Kaufentscheidung sein.

Vergessen Sie Ihren Einkaufszettel nicht. Lassen Sie sich nicht von Aktionsständen ködern. Und gehen Sie nicht hungrig einkaufen – ein leerer Magen ist gierig, und Gelüste verlocken zu allerhand überflüssigen Käufen!

Wie man den Schnäppchenjäger weckt und Preisbewusstsein manipuliert

Begegnet ein Kunde einem Produkt zweimal oder mehrmals innerhalb des Geschäfts, erwacht der Schnäppchenjäger in ihm. Ebenso wirken sich Sonderangebotstische, Stapelware auf Paletten oder Reizwörter wie „Preissenkung", „Sonderpreis", „jetzt nur ...", „nur heute", möglichst noch in roter Schrift, aus. Sofort steigt die Bereitschaft erheblich, etwas zu kaufen, auch wenn wir es aktuell eigentlich nicht brauchen. Wer einen guten Fang wittert, vernachlässigt auch gerne mal den Preisvergleich.

Andererseits können teurere oder aufwändiger verpackte Artikel durchaus auch als hochwertiger wahrgenommen werden. Die naheliegende und bequeme Schlussfolgerung, Qualität habe ihren Preis, gilt für Produkte der Lebensmittelindustrie aber nur in sehr eingeschränktem Maß. Untersuchungen der Stiftung Warentest ergaben in den vergangenen Jahren eine zunehmende Angleichung der Qualität zwischen dem billigsten und dem teuersten Produkt der untersuchten Warengruppe. Stehen drei vergleichbare Produkte mit drei unterschiedlichen Preisen zur Auswahl, fällen Käufer die Entscheidung oftmals für die „goldene Mitte".

Und wer etwas geschenkt bekommt, zum Beispiel bei einer Verkostung, möchte sich dankbar erweisen und neigt ebenfalls weit eher zum Kauf des angebotenen Produkts.

... und wie man Kaufgewohnheiten ausforscht

Mit Rabatten und „Bonusgeschenken" locken oft auch Kundenkarten. Sie sind zwar kein neues, aber mittlerweile ein sehr effizientes Medium, um Ihre Kaufgewohnheiten zu erforschen. Mit Hilfe der durch die Karte gesammelten Informationen können Händler das Sortiment optimal auf „Kundenwünsche" zuschneiden. So lassen sich auch Werbung oder Marketingmaßnahmen möglichst zielgerichtet und mit wenig Streuverlust adressieren. Die Daten lassen Rückschlüsse auf Einkaufsgewohnheiten zu – was überhaupt oder was vorzugsweise zusammen gekauft wird. Auch Gutscheine, die mit dem Kassenzettel zusammen ausgedruckt werden, können speziell auf Ihren aktuellen Einkauf zugeschnitten werden.

[] Tipp

Lassen Sie sich nicht durch vorgebliche Preisreduzierungen oder befristete Angebote zum schnellen Kauf verleiten. Ein Vergleich lohnt immer – ebenso wie die ruhige Überlegung, ob der Kauf wirklich sinnvoll und nötig ist.

Machen Sie sich nicht zugunsten objektiv meist läppischer Kundenrabatte oder Geschenke zum gläsernen Verbraucher. Die Beweggründe, Ihnen ganz spezielle oder vorgeblich individuelle Angebote zu präsentieren, sind selten uneigennützig, sondern eine Methode, Umsatz und Rendite zu steigern.

Frisch, gesund, aus der Region, naturbelassen, am besten gleichzeitig mit Zusatznutzen wie Wellness-, Fitness- oder Schlankheits-Faktor, jederzeit verfügbar und mit wenig Aufwand zuzubereiten: An Lebensmittel werden heute hohe Ansprüche gestellt. Die Erwartungen resultieren aus einem veränderten Ernährungsverhalten wie auch aus neuen Familien- und Zeitstrukturen. Immer häufiger wird außer Haus gegessen, die selbst zubereiteten Mahlzeiten im Familienkreis sind mittlerweile eher die Ausnahme. Und auch das Konsumbewusstsein hat sich verändert. Bei manchen Menschen ist Essen mehr als nur Nahrungsaufnahme: Sie zelebrieren Zubereitung und Verzehr und machen daraus ein ganz eigenes „Event". Andere sehen im Einkaufen und Kochen ein notwendiges Übel, das sie so unaufwändig wie möglich „erledigen" möchten.

Und wie reagieren die Lebensmittelhersteller und der Handel auf die neuen Ernährungstrends und Konsumtypen? Wie preisen sie ihre Produkte im engen und eigentlich gesättigten Markt an? Sie schaffen Markenimages und Produktlinien, die auf klare Zielgruppen zugeschnitten sind, und sie versprechen Produkteigenschaften, die Verbraucher kaum oder gar nicht mehr kontrollieren können.

Lebensmittel werden in diesen Segmenten angeboten:

- **Bio-, Fair-Trade-Produkte:** Für Käufer, die ökologische und soziale Aspekte der Produktion und des Konsums berücksichtigen wollen. Besonders Skandale um Pestizid- und Medikamentenbelastungen in Lebensmitteln bescherten der Foodbranche im Bio-Sektor in den vergangenen 15 Jahren einen echten Boom. Das Bio-Handelsvolumen hat sich in den letzten zehn Jahren mehr als verdoppelt.

- Lebensmittel aus **artgerechter Tierhaltung:** Immer mehr Verbraucher legen Wert auf Haltungsbedingungen, die das Wohl und die Bedürfnisse der Tiere berücksichtigen.
- **Lebensmittel aus der Region:** mit regionalem Bezug, aus traditioneller Herstellung, mit traditionellen und heimischen Zutaten. Sie versprechen Frische durch kurze Transportwege, Vorteile für die Landwirtschaft in der Region und „Überschaubarkeit" in einem globalisierten (Lebensmittel-)Rohstoffmarkt.
- Lebensmittel für **bestimmte Altersgruppen:** Zum Beispiel für Senioren oder Kinder.
- Lebensmittel mit **Wellness-Qualitäten:** Diät-Lebensmittel oder funktionelle Lebensmittel (Functional Food), die dem gestiegenen Gesundheitsbewusstsein Rechnung tragen sollen (siehe Seite 135, 215).
- Lebensmittel, die bestimmte Erlebnisse wie **Exotik oder Außergewöhnlichkeit** inszenieren: Dazu gehören zum Beispiel „edle" Produktlinien für „anspruchsvolle" und gut betuchte Verbraucher.
- **Convenience-Produkte** (siehe Glossar, Seite 214): zum sofortigen Verzehr für eilige Esser; auch gekühlte oder tiefgefrorene Produkte, die sich als vorverarbeiteter Bestandteil im selbst gekochten Menü schnell ergänzen lassen (zum Beispiel geschälte rohe Kartoffeln); oder Produkte, die bereits als eine vollständig zubereitete Mahlzeit angeboten werden (Fertiggerichte).

Der Trend zur schnellen Verfügbarkeit und zu bequemen Convenience-Produkten birgt oft eine mehr oder weniger starke Vorverarbeitung der ursprünglichen Lebensmittelzutaten. **Fertiggerichte** werden meist aus vielen Zutaten zusammengesetzt. All diese Produkte sollen dennoch ansprechend aussehen. Ihr Geschmack samt Konsistenz soll auch bei einem großen Zeitraum zwischen Herstellung, Kauf und Verzehr eine bestimmte gleichbleibende Qualität bieten. Dazu setzen viele Hersteller gerne **Aromen** und Zusatzstoffe wie **Konservierungs- oder Farbstoffe** ein. Sie überdecken Qualitätseinbußen, die der Verarbeitungsprozess mit sich bringt. Der hohe Verarbeitungsgrad scheint durchaus auch die Möglichkeiten zu begünstigen, teurere Rohstoffe durch preiswertere Alternativen oder Imitate wie etwa Analogkäse oder Formfleisch zu ersetzen. So werden zum Beispiel Mikrowellenmenüs mit Formfleisch-Hähnchenstücken oder Fertigpizzas mit Analogkäse und Formfleisch-Kochschinken bestückt. Denn je stärker das Produkt verarbeitet ist, desto weniger sind die ursprünglichen Zutaten im Produkt noch zu identifizieren – und desto länger und nebulöser ist die Zutatenliste.

Ob „eilige" Esser oder solche, die glauben, ein besonders hochwertiges Produkt gekauft zu haben – Verbraucher wollen über die Beschaffenheit ihrer Nahrungsmittel nicht getäuscht werden!

Lebensmittelbranche in der Vertrauenskrise

Über 90 Prozent der deutschen Verbraucher sind mit der Qualität und Vielfalt des Lebensmittelangebots zufrieden oder sogar sehr zufrieden, so die repräsentative Studie „Landwirtschaft in Deutschland" des Bundesministeriums für Ernährung, Landwirtschaft und Verbraucherschutz (Anfang 2013). Zwei Drittel der Befragten gaben an, dass sie sich in den letzten Jahren vermehrt für Themen rund um Lebensmittel interessieren. Tiergerechte Haltung und Regionalität sind Verbrauchern beim Einkauf besonders wichtig. Der Kaufpreis rangierte erst an dritter Stelle.

Lebensmittelhandel und Lebensmittelindustrie beka-
men in dieser Umfrage dennoch richtig ihr Fett weg!
Wenig oder gar kein Vertrauen in den Lebensmittelhandel hatten rund die Hälfte der Befragten; bei der
Lebensmittelindustrie sieht es mit 65 Prozent noch
schlechter aus. Für diese Ursache spielen mit Sicher-
heit die vielen Lebensmittelskandale der vergangenen
Jahre eine Rolle: etliche Fleisch- und Futtermittelskan-
dale wie BSE, umetikettiertes Fleisch oder dioxinver-
seuchte Futtermittel, überhöhte Pestizidrückstände in
Obst und Gemüse oder Salatsprossen mit EHEC-Bakte-
rien. Wem schwindet da nicht der Appetit – und damit
auch das Vertrauen in die Hersteller?

Auch durch die Aufmachung oder Kennzeichnung von
Lebensmitteln fühlen sich viele Verbraucher getäuscht
und sie sind verärgert. Unzählige Meldungen an das
Portal Lebensmittelklarheit belegen dies. Knackpunkt:
Viele der derzeit „gefragten" Eigenschaften wie Re-
gionalität oder Tierwohl bei Lebensmitteln tierischen
Ursprungs können Verbraucher nicht mehr nachvollzie-
hen oder überprüfen – sie müssen sie glauben.

Ob Obst oder Gemüse frisch ist, davon können Sie sich
im Supermarkt immerhin meist selbst überzeugen.
Voraussetzung ist, dass Sie dort die diversen Tricks
durchschauen: Obst, Gemüse, Fleisch und Fisch lässt
der Handel durch spezielle Beleuchtung, Dekoration
oder Beduftung frischer und appetitlicher erscheinen.

Und wenn sich zum Beispiel ein Schnellgericht doch
nicht so einfach zubereiten ließ wie gedacht oder es
einfach nicht schmeckte? Dann haben Sie immer noch
die Möglichkeit, das Produkt zukünftig zu meiden.

Schwieriger wird es, wenn zum Beispiel der Nährstoffgehalt und die Schadstofffreiheit von Lebensmitteln

auf den Prüfstand sollen. Diese Eigenschaften kann nur eine Untersuchung im Labor klären. Hier kommt den staatlichen Institutionen wie der Lebensmittelüberwachung oder anderen unabhängigen Prüfinstituten wie der Stiftung Warentest eine herausragende Rolle im Verbraucherschutz zu (www.test.de).

Und schließlich gibt es noch **Prozesseigenschaften,** auf die Sie als Verbraucher schlicht vertrauen müssen, weil Ihnen die Kontrollmöglichkeiten vollständig fehlen – so zum Beispiel bei den aktuell von Verbrauchern besonders hoch bewerteten Eigenschaften wie „regionale", „traditionelle" Produktion oder „artgerechte Tierhaltung". Hier ist die Glaubwürdigkeit des Versprechens, das ein Produkthersteller macht, ein zentrales Kriterium.

Pseudo-Siegel und leere Versprechen

Für manche Eigenschaften wie das Biosiegel oder die Bezeichnung „aus ökologischer Landwirtschaft" sind die Kriterien eindeutig festgelegt und Kontrollmechanismen eingerichtet. So weit, so gut. Aber findige Hersteller schmücken ihre Produkte gerne mit Siegeln oder Qualitätsmerkmalen – die sie sich selbst ausgedacht haben und deren Kriterien sie auch selbst festlegen und überprüfen! Sie suchen damit häufig bewusst die Nähe zu denjenigen Siegeln oder Beschreibungen, die gesetzlich geregelt sind – oder zumindest vergleichbar positive Assoziationen wecken. Auslobungen wie „natürliche Herstellung", „naturgerecht", „naturnah", „kontrollierte Qualität", „umweltschonend", „zertifiziert", „kontrollierter Anbau" zählen dazu. Die Produkte versprechen damit, höherwertig zu sein, einen zusätzlichen Nutzen zum Beispiel für die Umwelt, den Tierschutz oder die Landwirtschaft in der Region zu bieten. Vergleichbares gibt es auch in der Werbung mit ländlichen oder traditionellen Herstellungsweisen oder der regionalen Herkunft. Die Kriterien dafür, was erlaubt ist, sind aber rechtlich unzureichend definiert.

Laxer Umgang mit Qualitätsmerkmalen untergräbt den Markt

Viele dieser Qualitätsmerkmale, durch die sich Lebensmittel (manchmal nur vorgeblich) auszeichnen, sorgen bei Verbrauchern für Missverständnisse oder gar für Täuschungen, die manchmal sogar bewusst herbeigeführt werden. Hier können nur verlässliche und verbindliche Siegel, unabhängige Zertifizierungsmechanismen und engmaschige Kontrollen gewährleisten, dass mit Qualitätseigenschaften kein Schindluder getrieben wird.

Denn Missverständnisse und Ärger bei Verbrauchern treffen letztendlich auch die qualitätsbewussten und vertrauenswürdigen Lebensmittelhersteller. Sie stehen nämlich in Konkurrenz mit den Erzeugern, die eine beste Beschaffenheit bloß vorgaukeln. Solche schwarzen Schafe bedienen sich nicht nachprüfbarer Werbeversprechen – in Anlehnung an „echte" Qualitätskriterien wie hochwertige Rohstoffe, artgerechte Tierhaltung oder regionale Herstellung –, halten diese aber nicht ein. Damit verschärfen sie die Vertrauenskrise in der gesamten Branche. Als Kunde können Sie oftmals nicht unterscheiden, ob es sich um eine schönfärberische Werbeaussage oder ein wirkliches Qualitätsversprechen handelt. Funktionieren ausgelobte Qualitätsmerkmale nicht als Orientierungshilfe, dann wird der Preis zum einzig relevanten Merkmal für die Kaufentscheidung. Die Folge: Qualitätshersteller werden so aus dem Markt gedrängt. Es droht ein ruinöses Preis- und Qualitätsdumping.

Zu diesem Ergebnis kam die Studie „Trends in der Lebensmittelvermarktung", die 2012 im Auftrag des Verbraucherzentrale Bundesverbandes vzbv erstellt wurde.

So trickst und täuscht die Foodbranche

Namen sind Schall und Rauch

Wer nie Werbung gesehen hat, könnte kaum erraten, dass hinter Lebensmitteln wie *Twix*, *Paula* und *Fanta* ein Schokoriegel, ein Kinderdessert und Limonade stecken.

Herstellerfirmen oder Werbeagenturen lassen ihrer Fantasie gerne freien Lauf, um einen interessanten Namen für ein neues Produkt zu finden. Ausnahmen sind die Eigenmarken der Discounter. Ihre Produkte heißen oft schlicht „Vollmilchschokolade" oder „Fruchtjoghurt" – was meist ehrlicher ist als die Bezeichnung der „Markenkollegen".

Produktnamen sind unverzichtbarer Teil einer Marketingstrategie. Sie sind
- wichtig für den Wiedererkennungswert,
- sprechen bestimmte Zielgruppen an und
- vermitteln ein Produktimage.

Verbraucherschützer sehen darin in der Regel auch kein Problem, denn die Käufer erwarten nicht, dass sich im Namen eine für sie wichtige Information verbirgt.

Produktnamen können aber auch in die Irre führen, wenn sie eine bestimmte Qualität vortäuschen sollen. Margarine ist hierfür ein historisches Beispiel. Sie wurde in den 1860er Jahren als streichfähiges Fett mit guter Haltbarkeit entwickelt, das als preiswerter Ersatz für Butter diente – die „Kunstbutter".

Die ersten Margarinesorten stellten mit Hilfe von Abbildungen und Namen einen Bezug zur Butter her. So nannte zum Beispiel ein Margarineproduzent sein Produkt „Rahma", das zugleich als „buttergleich", „butterfein" und als „Butter-Meisterstück" beworben wurde. Die Milchindustrie wehrte sich erfolgreich gegen die Werbung – und so musste sich Rahma „rahm-los" in das unverfänglichere *Rama* verwandeln. Ab 1932 gab es dafür sogar eine Verordnung: Verpackungen und Reklame von Margarine durften keine Begriffe und Abbildungen verwenden, die auf Milch, Butter oder Milcherzeugnisse hinwiesen und damit über die tatsächlichen Zutaten hinwegtäuschten.

Ein aktuelles Negativ-Beispiel ist der Eisname *Cremissimo*, lässt er doch viele an ein hochwertiges, cremiggehaltvolles Eis denken. Ein Holzweg! Bei der Produktion von Speiseeis gibt es unterschiedliche Qualitäten. Die industriellen Eishersteller verwenden zunehmend preisgünstigeres Pflanzenfett anstelle von traditionellen Zutaten. Solche Erzeugnisse heißen dann „Eis" oder „Speiseeis". Das sind die Oberbegriffe für die kalte Schleckerei und sie sagen nichts über ihre inhaltliche Qualität aus. Es lassen sich trotzdem Rückschlüsse auf deren Milchanteil ziehen. Produkte mit den Bezeichnungen „Eiscreme" und „Cremeeis" enthalten entsprechend den Leitsätzen des Deutschen Lebensmittelbuches für Speiseeis ausschließlich Milchfett wie Sahne.

Stand: 04/2013

Eis mit Schokoladenstückchen (6,5%) und Schokoladensauce (11%)
Zutaten: Entrahmte Milch, Zucker, Glukose-Fruktose-Sirup, Glukosesirup, Pflanzenfett, Wasser, Molkenerzeugnis, (D) Sahne / (A) Obers, Kakaomasse, fettarmer Kakao, Kakaobutter, Emulgatoren (Mono- und Diglyceride von Speisefettsäuren, Ammoniumsalze von Phosphatidsäuren), Stabilisatoren (Johannisbrotkernmehl, Guarkernmehl, Carrageen), Butterfett, Aroma.

Der Produktname *Cremissimo* spielt mit diesem Qualitätsaspekt und stellt fälschlicherweise eine Verbindung zum hochwertigeren Cremeeis her, obwohl es sich nur um ein Eis aus entrahmter Milch handelt, dem statt Milchfett ein Pflanzenfett (hier: Kokosfett) zugefügt wurde. Wenn Sie auf die Qualität von Eis Wert legen, sollten Sie sich nicht von edel daherkommenden Namen hinters Licht führen lassen, sondern zunächst die **Zutatenliste** (siehe auch Glossar, Seite 218) genau studieren.

Während Produktnamen prominent auf der Vorderseite von Lebensmittelpackungen prangen, fristet die viel aussagekräftigere **Verkehrsbezeichnung** meist ein Schattendasein auf der Rückseite. Sie steht oft direkt vor der Zutatenliste – und in derselben winzigen Schriftgröße.

Weil der Begriff Verkehrsbezeichnung für viele Verbraucher ungewohnt klingen mag, wird er künftig im Lebensmittelrecht kurz und knapp „Bezeichnung" genannt. Seine Bedeutung ist – so oder so – nicht zu unterschätzen: Denn gerade die Verkehrsbezeichnung ist häufig entscheidend, ob die Lebensmittelüberwachung ein Produkt beanstandet, die Verbraucherzentrale eine Firma abmahnt oder ein Gericht über Täuschung entscheidet.

Die Verkehrsbezeichnung soll sachlich und korrekt informieren, welches Lebensmittel sich hinter dem bunten Produktnamen verbirgt, welche charakteristischen Eigenschaften es hat. Die Art des Produktes soll leicht erkennbar und eine Verwechslung mit vergleichbaren Erzeugnissen ausgeschlossen sein. Dazu zwei frei erfundene Beispiele: Für einen Joghurt mit dem Namen „Himbeer-Wolke" stünde in der Verkehrsbezeichnung schlicht „Joghurt, mild, mit 18 % Fruchtzubereitung,

3,8 % Fett im Milchanteil". Und beim exotisch-bunten „Jungle Fresh" wäre es ein „Fruchtsaftgetränk aus Orangensaftkonzentrat und Mangomark, Fruchtgehalt mindestens 30 %".

Rechtlich ist genau festgelegt, woran sich die Verkehrsbezeichnung halten muss:

- Für manche Produkte ist die Verkehrsbezeichnung in einer Rechtsvorschrift festgelegt, zum Beispiel für Fruchtsaft, Margarine oder Milch. Dann ist diese zu verwenden.
- Vielfach sind anerkannte Verkehrsbezeichnungen auch in den Leitsätzen des Deutschen Lebensmittelbuchs beschrieben. Dazu gehören zum Beispiel „Salami", „Leberwurst", „Schwarzwälder Kirschtorte" und „Hering in Gelee". In den Leitsätzen ist niedergelegt, welche Beschaffenheit ein Produkt mit dieser Verkehrsbezeichnung haben soll oder wie es üblicherweise hergestellt wird.
- Gibt es keine Vorgaben, so wählen Anbieter selbst eine Bezeichnung, die es dem Verbraucher laut Lebensmittelkennzeichnungsverordnung (LMKV) „ermöglicht, die Art des Lebensmittels zu erkennen und es von verwechselbaren Erzeugnissen zu unterscheiden".

Außerdem muss die Verkehrsbezeichnung – wie auch alle anderen Pflichtkennzeichnungen –

- an gut sichtbarer Stelle stehen,
- in deutscher Sprache abgefasst,
- leicht verständlich formuliert,
- deutlich lesbar und
- unverwischbar sein.

Stand: 01/2011

„An gut sichtbarer Stelle" heißt leider nicht zwingend „auf der Vorderseite", der zweifellos am besten sichtbaren Verpackungsstelle. Warum nicht, werden Sie sich vielleicht fragen? Ganz einfach: Die Verkehrsbezeichnung ist schonungslos. Während die Vorderseite beispielsweise appetitlich-knusprig wirkende *Crispy Chicken* zeigt, klärt die Verkehrsbezeichnung auf: „Hähnchenbrustfleisch: z. T. fein zerkleinert, mariniert, zusammengefügt, paniert, tiefgefroren" – mit anderen Worten: Formfleisch. Der Erdbeer-Drink – „fruchtig & lecker" – entpuppt sich als „Milchmischgetränk aus Magermilch mit Erdbeergeschmack, wärmebehandelt, mit einer Zuckerart und Süßungsmitteln" (Abbildung auf Seite 52). Verkehrsbezeichnungen, die so wenig verlockend klingen, wollen Hersteller lieber nicht an prominenter Stelle präsentieren.

Stand: 05/2013

Die Geschmack-Falle und ihr ominöser Hintergrund

In vielen Verkehrsbezeichnungen stehen auch die Geschmacksrichtungen. Vielleicht wundert es Sie nicht im Mindesten, wenn Ihr Getränk *Kräuter Sommer* laut Verkehrsbezeichnung „Kräutergeschmack" aufweist oder Ihr Erdbeershake „Erdbeergeschmack". **Geschmack**, das klingt einladend, spricht die Sinne an – kann aber eine Falle sein. Denn wenn das Getränk echte Kräuterauszüge enthielte und beim Milchshake Farbe und Geschmack von einer Fruchtzubereitung kämen, dann würden Sie einen Hinweis auf die Zutaten „Kräuter" oder „Erdbeeren" auch in der Verkehrsbezeichnung finden, zum Beispiel als „Erfrischungsgetränk mit Kräuterauszügen" oder „Milchmischgetränk mit 20 % Erdbeerzubereitung". Wenn ein Hersteller **„echte" Zutaten** verwendet – die in der Regel teurer und aufwändiger zu verarbeiten sind – hält er damit nicht hinterm Berg. „Geschmack" dagegen bedeutet häufig, dass die erhofften Zutaten kaum oder gar nicht enthalten sind, sondern stattdessen **Aromen** (siehe Seite 214).

Zutatenliste Landlob
Erdbeer-Drink
Stand: 01/2011

Erdbeer Drink:
Milchmischgetränk aus Magermilch mit Erdbeergeschmack, wärmebehandelt (sterilisiert).
Mit einer Zuckerart und Süßungsmitteln.

Limonade mit Kräutergeschmack
Zutaten: Wasser, Zucker, Kohlensäure,
Säuerungsmittel Citronensäure,
natürliches Aroma, Farbstoff E 150c

Wenn Sie „Geschmack" in der Verkehrsbezeichnung sehen, sollte Ihr nächster Blick der Zutatenliste gelten: Sind die beworbenen Zutaten überhaupt enthalten? Und wenn ja, in welcher Menge? Finden Sie keine Prozentzahl, dann sind die Zutaten nur in winzigen Mengen vorhanden – meist deutlich unter zwei bis drei Prozent. Denn wenn Zutaten „in geringer Menge zur Geschmacksgebung" verwendet werden, darf die konkrete Mengenkennzeichnung fehlen – so will es die Lebensmittelkennzeichnungsverordnung (siehe Seite 69 ff.).

Allerdings liefert die Verkehrsbezeichnung nicht immer die gewünschte Information. Ein Manko dabei ist die Vorgabe, dass sie – wenn sie nicht wie oben erwähnt bei Fruchtsaft oder anderen Produkten festgelegt ist – das Lebensmittel beschreiben soll. Und hier ist den Werbetreibenden wieder reichlich Freiraum für nichtssagende oder blumige Formulierungen gegeben. Firmen erfinden adjektivreiche Verkehrsbezeichnungen wie „knuspriger Haferkeks" und „feine Waldbeer-Joghurtcremefüllung in Edel-Vollmilchschokolade" oder „köstliche, knusprige Brot Chips". Im ungünstigsten Fall bleibt die Art des Lebensmittels sogar unklar, etwa bei „Knusperchips" oder „Candy-Creme". Das ist inakzeptabel und auch nicht im Sinne der Rechtsverordnung.

Stand: 07/2012

[] Tipp

Die Verkehrsbezeichnung finden Sie meist erst auf den zweiten oder dritten Blick. Nehmen Sie darin aber jedes einzelne Wort ernst! Ein Frischkäse „**mit** Ziegenmilch" ist nicht dasselbe wie einer „**aus** Ziegenmilch". Der erste kann erheblich mehr Kuh- als Ziegenmilch enthalten. Und „Himbeergeschmack" steht nicht für Himbeeren – er kann auch Himbeeraroma bedeuten. Wurde Geflügelfleisch „zum Teil zerkleinert und zusammengefügt", handelt es sich um Formfleisch, nicht um ein Stück Brust oder Filet.

Auch Mengenangaben zu abgebildeten oder genannten Zutaten finden Sie häufig in der Verkehrsbezeichnung. Werden sie weder dort noch in der Zutatenliste genannt, sind die Zutaten meist nur in kleinen oder kleinsten Mengen (weniger als zwei bis drei Prozent der Zutat) vorhanden – und der Geschmack stammt von zusätzlichem Aroma.

Stand: 12/2011

Weitere Zutaten: 92% Frischkäse (aus Kuhmilch), 5% Ziegenfrischkäse, natürliches Aroma, Speisesalz.

Das fordern die Verbraucherzentralen

Die Verbraucherzentralen sehen in puncto Verkehrsbe-zeichnung dringend Handlungsbedarf:

- Die Verkehrsbezeichnung sollte immer klar und deutlich auf der Vorderseite der Verpackung stehen! Erst dann können Sie am Regal auf den ersten Blick erkennen, welche Lebensmittel Ihnen farbenfroh und werblich aufgepeppt angeboten werden. Damit wäre ein Großteil der Missverständnisse beim Kauf aus dem Weg geräumt – für den Gesetz-geber eigentlich ein einfaches Mittel, wenn er es mit dem Verbraucherschutz ernst meint.
- Beschreibende Verkehrsbezeichnungen müssen aussagekräftig sein! Wohlklingende, aber wenig in-formative Lebensmittelbezeichnungen erfüllen den Zweck der Verkehrsbezeichnung nicht und sollten von der Lebensmittelüberwachung konsequent beanstandet werden.

Muh statt Mäh?
Tierartenkennzeichnung

Beispiel für einen
„echten" Feta;
Stand: 04/2013

Aus der mediterranen Küche ist Schafskäse nicht weg-
zudenken. Eine seiner bekanntesten Sorten ist **Feta**. Er
trägt das europäische Herkunftszeichen „geschützte
Ursprungsbezeichnung" (siehe Seite 101). Dies ist
eine Besonderheit, denn damit liegt fest, woraus, wie
und wo Feta garantiert hergestellt wird:

- Er ist ein Weißkäse in Salzlake,
- er wird aus Schafsmilch, eventuell mit einem Anteil
  Ziegenmilch hergestellt und
- er stammt vom griechischen Festland oder der Insel
  Lesbos.

Allerdings gibt es eine Reihe von „Doppelgängern", die
aussehen wie Feta und ähnlich schmecken, aber kein
Feta sind. Sie heißen zum Beispiel „Hirtenkäse", „Bal-
kankäse", „Weichkäse" oder „Käse in Salzlake".

Häufig tragen die Produkte griechisch anmutende Produktnamen, die Verpackung zeigt Griechenland-Bild-
motive wie Hirten und Urlaubsinseln. Auch die „traditionelle Art" wird mitunter beworben. So kann leicht der
Eindruck erweckt werden, dass es sich auch hier um
griechischen Schafskäse handelt. Oft stammen diese
Sorten aber weder aus Griechenland noch sind sie
aus Schafsmilch gemacht. Sie werden in Deutschland
als Weißkäse – aus Kuhmilch – in Salzlake produziert
und verkauft. Aus Sicht der Verbraucherzentralen ist
das Schwindel! Gegen diesen Salzlakenkäse ist zwar
grundsätzlich nichts einzuwenden – es sei denn er
kommt im Mäntelchen des griechischen Schafskäses
daher; denn dann wird der Kundschaft unbemerkt ein
preiswerter Ersatz anstelle der griechischen Spezialität
untergeschoben.

Die Verbraucherzentralen haben dazu eine Befragung durchgeführt: Sie zeigten den Teilnehmenden
die Verpackung eines deutschen Salzlakenkäses aus
Kuhmilch, in Pflanzenöl eingelegt, mit griechisch
anmutendem Namen und Motiv. 72 Prozent der 750
Befragten gaben an, sich durch die Verpackungsaufmachung getäuscht zu fühlen. 62 Prozent waren der
Ansicht, diese Produkte sollten verboten werden.
Damit barg der Käse aus Sicht der Verbraucher von
allen in der Studie abgefragten Produkten das größte
Täuschungspotenzial.

Beispiele für Weiß-
käse aus Kuhmilch;
Stand: 04/2013

Blindekuh-Spiel auf der Verpackung!

Wenn Sie nun wissen möchten, woher die Weißkä-
sewürfel in Öl kommen und von welcher Tierart sie
stammen, werden Sie vermutlich das Kleingedruckte
auf der Verpackung unter die Lupe nehmen. Aber da
gibt es weitere Hürden: Vielleicht steht in der Verkehrsbezeichnung eindeutig, dass es sich um deutschen
oder griechischen Käse handelt. Dazu ist der Anbieter
aber nicht verpflichtet. Sie finden zwar eine Firma und
Adresse auf der Verpackung, diese muss aber nicht für
die Herstellung des Produkts verantwortlich sein. Es
reicht rein rechtlich schon, den Verpacker oder Verkäufer anzugeben. Auch das Identitätskennzeichen, das
fast alle verpackten tierischen Lebensmittel tragen,
hilft Ihnen nicht weiter: Es enthält zwar ein Länderkürzel, zum Beispiel „DE" für Deutschland sowie eine
Betriebsnummer. Im Identitätskennzeichen steht aber
lediglich der Betrieb, der das Produkt zuletzt bearbeitet oder verpackt hat. Das sagt jedoch nichts über die
Herkunft der Rohstoffe aus!

Beispiel für ein
Identitätskennzei-
chen; BY steht für
Bayern

Auch die Tierart, von der die Milch stammt, ist häufig
nicht auf den ersten Blick auf der Verpackung zu erkennen. Das sollten Sie wissen: Wenn nur von „Milch"

oder „Käse" die Rede ist und kein Hinweis auf eine besondere Tierart erfolgt, handelt es sich um ein Lebensmittel aus Kuhmilch. Umgekehrt verbirgt sich hinter der vermeintlich klaren Bezeichnung „Ziegenkäse" aber nicht immer ein Käse, der ausschließlich aus Ziegenmilch hergestellt wurde. Beispielsweise muss der *Altenburger Ziegenkäse* nur zu 15 Prozent aus Ziegenmilch stammen – der Rest ist Kuhmilch!

Schwierig wird es, wenn Sie die Zutaten wissen wollen. Denn anders als bei den meisten Lebensmitteln muss auf Käse keine vollständige Zutatenliste stehen. Die deutsche Käseverordnung gibt vor, dass die für die Herstellung von Käse notwendigen Milchinhaltsstoffe, Enzyme, Mikroorganismenkulturen und das Speisesalz nicht in der Zutatenliste aufgeführt werden müssen. Stattdessen finden sich nur noch „weitere Zutaten" wie beispielsweise Gewürze und Farbstoff. Gibt es keine weiteren Zutaten, so entfällt das Zutatenverzeichnis komplett.

handgekäster Weichkäse mit mindestens 15 % Ziegenmilch weitere Zutaten: Kümmel

Beispiel für eine Zutatenliste auf Altenburger Ziegenkäse

Über die Tierart informiert daher in der Regel nicht das Zutatenverzeichnis, sondern die Verkehrsbezeichnung, die sich leider meist klein gedruckt auf der Rückseite der Verpackung des Lebensmittels befindet (siehe Seite 51, 218).

[] Tipp

Bei allem, was nach griechischem Schafskäse aussieht, sollten Sie genau auf die Verpackung schauen. Finden Sie keinen Hinweis auf die Herkunft, so kann er überall produziert worden sein. Ohne Angabe einer bestimmten Tierart in der Verkehrsbezeichnung oder in der Zutatenliste stecken hinter „Käse" und „Milch" Produkte aus Kuhmilch.

Schwarze Schafe in der Gastronomie

Anders sieht die Sache bei der Auswärtsverpflegung aus. Die Speisekarten von Restaurants und Imbissbuden versprechen häufig Salate und griechische Gerichte „mit Schafskäse". Nicht selten wird Ihnen aber der preisgünstigere Ersatz aus Kuhmilch aufgetischt! Immer wieder beanstandet die Lebensmittelüberwachung in Gaststätten und Imbissbuden eine falsche Tierartenkennzeichnung. Nicht selten werden sogar Imitate mit Pflanzenfett statt Schafskäse oder Feta gefunden. Ein lebensmittelrechtlich wenig geschulter Gastwirt, der seinen Kunden in erster Linie ein einfaches, preiswertes Essen anbieten möchte, wird den Unterschied möglicherweise selbst nicht erkennen. Im schlimmeren Fall täuscht der Wirt seine Kunden mit Absicht, denn so lässt sich unbemerkt die Gewinnspanne vergrößern.

! Achtung

Pflanzenfett hat in Käse nichts zu suchen. Es ist ein untrügliches Zeichen für ein Imitat, wenn pflanzliche Öle oder Fette das teurere Milchfett komplett oder teilweise ersetzen. Typische weitere Zutaten sind Wasser, Stärke, Emulgatoren, Aromen, Farbstoffe, Geschmacksverstärker, pflanzliches Eiweiß und/oder Milchpulver. Mit Käse hat das Ganze nicht mehr viel gemein. Daher ist die Bezeichnung „Käse" für solche Produkte verboten, erst recht die Bezeichnung „Feta".

Auch wenn die Vorschriften zur Kennzeichnung von Speisen in Gaststätten und Kantinen im Vergleich zu fertig verpackten Lebensmitteln sehr eingeschränkt sind, gilt für die Bezeichnungen „Feta" und „griechischer Schafskäse" dasselbe wie für verpackte Lebensmittel: Wenn Feta auf der Speisekarte steht, muss auch Feta serviert werden. Auch Hinweise auf Herkunft und Tierart dürfen nicht täuschen. So will es jedenfalls das Lebensmittelrecht.

Sie als Gast können häufig schwer erkennen, ob Ihr Essen mit Feta oder mit Weißkäse aus Kuhmilch zubereitet wurde. Abgesehen von einem geschmacklichen Unterschied, ist Schafskäse in der Regel weiß und bröckelig, Weichkäse aus Kuhmilch eher cremefarben. Zerkleinert im Salat oder im Ofengericht ist der Unterschied aber meist nicht mehr auszumachen.

Das fordern die Verbraucherzentralen

Die Lebensmittelüberwachung muss hier verstärkt auf korrekte Verkehrsbezeichnungen achten, in der Gastronomie, aber auch im Einzelhandel. Dabei sollte sie auch die Aufmachung des Produktes berücksichtigen und konsequent eingreifen, wenn Verbrauchern eine deutsche Kuh im griechischen Schafspelz angedreht wird.

Hier geht's um die Wurst!

Mehr Schwein als Lamm in der Lammsalami

„Kalbswiener", „Hirsch-" oder „Lammsalami" – auch wenn es um die Wurst geht, ist bei der Tierartenkennzeichnung Vorsicht geboten. Die Frage stellt sich: Handelt es sich um Salami „aus" Lamm oder Salami „mit" Lamm? Viele Käufer erwarten bei einer Lammsalami, dass diese ausschließlich aus Lamm hergestellt wird, andere zumindest, dass das Fleisch in der Lammsalami überwiegend vom Lamm stammt. Aber weit gefehlt: Es könnte sich durchaus eine Schweinesalami dahinter verbergen, der wenige Prozent Lammfleisch zugegeben wurden.

Diese Verkehrsauffassung ist in den Leitsätzen des Deutschen Lebensmittelbuches für Fleisch und Fleischerzeugnisse beschrieben. Zunächst einmal heißt es dort: „Fleischerzeugnisse ... in deren Bezeichnung nicht auf eine besondere Tierart hingewiesen wird, werden aus Teilen von Rindern und/oder Schweinen hergestellt. Rindfleisch und Schweinefleisch sind gegeneinander austauschbar ...". Eine „Salami" kann also aus Schwein, Rind oder aus beiden Tierarten hergestellt sein.

Weiterhin ist beschrieben, dass die „ausschließliche oder teilweise Verwendung von Teilen anderer Tiere" in der Verkehrsbezeichnung anzugeben ist, zum Beispiel „Geflügelfleischwurst" und „Hirschsalami". Eine Mindestmenge ist nur für Fleischerzeugnisse aus Kalb vorgesehen. Sie liegt bei 15 Prozent.

Egal welche besondere Tierart genannt ist: Sie müssen also erst einmal damit rechnen, dass diese weder ausschließlich noch überwiegend enthalten ist. Die Verkehrsbezeichnung und/oder das Zutatenverzeichnis geben hierüber Auskunft. Beide befinden sich leider auch hier meist klein gedruckt irgendwo auf der Verpackung, statt deutlich sichtbar auf der Vorderseite.

Für viele Menschen spielt die Tierart eine besonders wichtige Rolle bei der Lebensmittelauswahl, etwa für Muslime und Juden, die alle Produkte vom Schwein ablehnen. In diesem Fall ist es empfehlenswert, grund-

sätzlich die Zutatenliste zu prüfen. Taucht beispielsweise „Speck" dort auf, ist das Produkt nicht mehr frei
von Schweinezutaten, denn Speck stammt immer vom
Schwein.

Wenn Sie auf den ersten Blick erkennen wollen, ob nur
die ausgelobte Tierart verwurstet wurde, hilft Ihnen die
Bezeichnung „rein" weiter. Denn laut den Leitsätzen
bedeutet „rein" in Zusammenhang mit einer Tierart,
dass ausschließlich Fleisch dieser Tierart verwendet
wurde. Doch Vorsicht: Im Handel sind zum Teil Würste
mit der Werbung „100% Geflügel" zu finden, die im
„Naturdarm", Saitling (Schafsdarm) oder einer „ess-
baren Hülle" von einer anderen Tierart stecken.

Finden Sie im Zutatenverzeichnis einer „Geflügelwiener" beispielsweise die Angabe „82 % Geflügelfleisch", bedeutet das nicht automatisch, dass noch
Fleisch vom Schwein zugesetzt wurde. Denn Wurst
besteht nicht zu 100 Prozent aus Fleisch. Weitere typische Zutaten sind zum Beispiel Wasser, Salz, Zucker,
Milcheiweiß und Zusatzstoffe. Aufschluss darüber gibt
bei verpackter Ware das Zutatenverzeichnis. Ob Fleisch
anderer Tierarten in der Wurst verarbeitet wurde, muss
in der Zutatenliste angegeben sein. Andernfalls handelt es sich um eine „reine" Geflügelwurst.

Kalbswiener
Zutaten: 47% Schweinefleisch, 16%
Kalbsfleisch, Speck, Trinkwasser, jo-
diertes Nitritpökelsalz (Kochsalz,
Konservierungsstoff Natriumnitrit),
Gewürze, Dextrose, Stabilisator Di-
phosphate, Antioxidationsmittel As-
corbinsäure, Schafssaitling, Rauch.

Stand: 09/2011

Kalbsleberwurst und Kalbfleisch-Leberwurst

Wer Kalbsleberwurst kauft, geht in der Regel davon aus, dass diese Wurst auch Kalbsleber enthält. Doch dies kann man erst seit Januar 2010 erwarten. Zuvor war es zulässig, dass Hersteller anstatt Kalbsleber Schweineleber verarbeiteten – sofern die Wurst Kalbfleisch enthielt!

Die aktuellen Leitsätze für Fleisch und Fleischerzeugnisse (siehe Seite 217) unterscheiden nun die Bezeichnungen „Kalbsleberwurst" und „Kalbfleisch-Leberwurst":

■ Kalbsleberwurst enthält sowohl Kalbsleber als auch Kalbfleisch;
■ Kalbfleisch-Leberwurst enthält zwar Kalbfleisch, aber keine Kalbsleber.

Nicht beschrieben ist, wie hoch der Anteil an Kalbsleber in Kalbsleberwurst üblicherweise ist. Der Schweineleber-Anteil kann nach wie vor überwiegen. Der Anteil an Kalbfleisch soll für beide Leberwurst-Varianten mindestens 15 Prozent am gesamten Fleischanteil betragen. Gängige Praxis ist daher, Kalbsleberwurst hauptsächlich aus der Leber und dem Fleisch vom Schwein herzustellen. Da Kalbfleisch und Kalbsleber als qualitätsbestimmende Zutaten gelten, muss ihr prozentualer Anteil aber auf der Verpackung angegeben sein.

Wenn Sie wissen möchten, wie viel Kalb in der Kalbsleberwurst steckt, sollten Sie diese Angaben auf der Verpackung prüfen, denn ein höherer Preis garantiert nicht unbedingt einen größeren Kalbfleisch- und Kalbsleber-Anteil. Ein Vergleich lohnt sich (siehe Tipp).

Zutaten: Rehfleisch (40%), Schweinefleisch (30%), Schweineleber (20%), Sahne, Speisesalz, Emulgator: Mono- und Diglyceride von Speisefettsäuren, Gewürze (enthalten Senfmehl und Sellerie), Thymian (0,2%), Rosmarin (0,2%), Kräuter, Lactose, Dextrose, Aromen, Vanillin, Zucker, Stabilisator: Carrageen. Säuerungsmittel: Citronensäure, Antioxidationsmittel: Ascorbinsäure, Konservierungsmittel: Natriumnitrit

Stand: 05/2013

Zutaten: Schweinefleisch 48%, Speck, Schweineleber 17%, Kalbfleisch 15%, Kalbsleber 5%, jodiertes Speisesalz, Gewürze (**enthalten Sellerie**), **Milcheiweiß**, Würze, Aromen, Glukosesirup, Gewürzextrakte, **Laktose**, Konservierungsstoff: Natriumnitrit. **Kann Spuren von Senf enthalten.**

Stand: 05/2013

[] Tipp

Wildpastete, Geflügelwiener und Lammsalami können mehr Schwein oder Rind als die ausgelobte Tierart enthalten. Die Anteile der Tierarten müssen aber auf der Verpackung benannt sein. Auskunft geben die Verkehrsbezeichnung und/oder die Zutatenliste (siehe Seite 51, 218). Ist dort keine Tierart angegeben wie bei „Bierschinken" und „Wiener Würstchen", so besteht das Produkt aus Fleisch vom Rind und/oder Schwein. Wird „Speck" erwähnt, so stammt dieser immer vom Schwein.

Solange Sie die fertig verpackte Ware in den Händen halten, können Sie erkennen, von welchem Tier die Wurstzutaten stammen. An der Fleischtheke und in der Gastronomie bleibt Ihnen in der Regel nur die Nachfrage an das Verkaufspersonal oder an die Bedienung. Manchmal sind die Zutaten der Waren in einem Ordner ersichtlich, der ausliegt oder auf Wunsch eingesehen werden kann. Dies ist jedoch ein freiwilliger Service. Und entdecken Sie beispielsweise auf der Tageskarte einer Waldgaststätte „Wildschweinbratwurst", wird Ihnen dort vermutlich kaum jemand eine zuverlässige Auskunft über die Zusammensetzung geben können.

Das fordern die Verbraucherzentralen

- Hinter „Geflügel", „Wild" und „Kalb" darf sich kein Schwein verstecken!
- Eine klare Bezeichnung der Tierarten, von denen Fleisch und Milch stammen, gehört auf die Vorderseite jeder Verpackung, auf Schilder in die Verkaufstheke und auf Speisekarten. Nur so können Sie auf den ersten Blick erkennen, dass Sie sich für „Wiener Würstchen mit Schweine- und Kalbfleisch" oder „Rindersalami mit 5 % Hirschfleisch" entscheiden. Heißt es dagegen beispielsweise „Hirschsalami" oder „Putenwiener", so sollte das verwendete Fleisch ausschließlich vom Hirsch beziehungsweise von der Pute stammen.

Ausgeflogen? Auf der Suche nach Ente und anderen Zutaten

Macht Ihnen die Abbildung auf *Thai Chef Ente* nicht auch Appetit? Knusprig gebratene Entenbrust liegt auf asiatischen Nudeln, dekoriert mit Kräutern, Gemüse und Gewürzen. Ente gut, alles gut? Ein Blick auf die Zutatenliste erfüllt nicht die Erwartungen – das Wort „Ente" taucht dort nicht einmal auf. Die Verkehrsbezeichnung auf der Rückseite lautet: „Instantsuppe mit 86 % Nudeln und Entengeschmack". Sachkundige ahnen schon bei dem Begriff „Geschmack" (siehe Seite 54) nichts Gutes: Ente ist nur in Form von Aroma enthalten. Aroma ist in der Zutatenliste tatsächlich zu finden. Hätte Frau B. aus Frankfurt, die das Produkt auf www.lebensmittelklarheit.de gemeldet hatte, mit Adlerblick oder gezückter Lupe die Vorderseite der Verpackung durchgescannt, wäre ihr vielleicht der Hinweis **Serviervorschlag** aufgefallen: Er steht in winziger, schwarzer Schrift samt dunkelbraunem Hintergrund auf dem Klebefalz. Dieses Beispiel zeigt, wie es vielen Verbrauchern ergeht: Einer der häufigsten

Stand: 03/2012

Zutaten:
Weizenmehl, Palmöl, Tapiokastärke, Zucker, Salz, Geschmacksverstärker (E621, E635), Sojasaucenpulver (Sojabohnen, Weizen, Salz, Maltodextrin), Knoblauch, Gewürze (Pfeffer, Knoblauchpulver, Nelkenpulver), Chilipulver, Farbstoff E150a, Säureregulator (E500, E501), Sojasauce (Sojabohnen, Wasser, Salz), Aroma (mit Milchzucker, Sesamöl), Lauch, Verdickungsmittel E466, Säuerungsmittel Citronensäure.

Beschwerdegründe ist, dass die auf der Verpackung abgebildeten und ausgelobten Zutaten gar nicht, nur in geringsten Mengen oder nicht vorrangig im Produkt enthalten sind.

Hersteller-Schlupfloch: „Serviervorschlag"

Vielfach sind Serviervorschläge auf Verpackungen unproblematisch: Wird auf einer Dosenwurst ein Leberwurstbrot mit einer Gewürzgurke garniert gezeigt, dann werden Sie dies, wie die meisten Käufer, als eine Anregung für die Zubereitung verstehen. Sie würden sicher nicht erwarten, dass in der Dose ein saures Gürkchen oder Brot steckt.

Anders sieht das bei Zutaten aus, die Käufer im Produkt erwarten können, wie im Beispiel *Thai Chef Ente* das Entenfleisch. Hier drängt sich der Verdacht auf, dass einige Firmen die Angabe „Serviervorschlag" als Freibrief für Mogeleien nutzen: So werden frische, qualitativ hochwertige Zutaten auf der Verpackung gezeigt, die mit dem Produkt nie in Berührung kamen.

Stand: 09/2012

Zutaten
Trinkwasser • Tofu (Wasser • Sojabohnen* • Nigari) (30%)
Weizeneiweiß* (15%) • Sonnenblumenöl* • Meersalz • Palmfett*
Rohrohrzucker* • Gewürze* • Maltodextrin* • Hefeextrakt
Verdickungsmittel: Johannisbrotkernmehl* • Sellerie*
*aus kontrolliert biologischem Anbau
DE 001 Öko Kontrollstelle

Auch im vegetarischen Pfannengericht *Fun Frikassee* können Sie zu Recht Erbsen erwarten, denn entsprechend der Verpackungsabbildung sind sie ein wesentlicher Bestandteil der Soße. Tatsächlich befindet sich aber keinerlei Gemüse im Produkt.

Auch in diesem Fall verhindert der Hinweis „Serviervorschlag" nicht, dass sich Verbraucher zu Recht von der Aufmachung und Bewerbung des Produkts getäuscht fühlen.

Auf das Verhältnis kommt es an

Nicht selten vermitteln Abbildungen und Produktnamen auch ein völlig falsches Bild über die enthaltenen Mengen von Zutaten. So wird die *Pflanzencreme* von Bertolli beworben mit „das Gute des Olivenöls", sie besteht aber nur zu 20 Prozent aus Olivenöl. Hauptzutat ist „pflanzliches Öl", bei dem Sie nicht einmal klar erkennen können, aus welcher Pflanze es stammt.

Flüssige Pflanzenfettzubereitung (mit 20% Olivenöl im Fettanteil)

Bertolli Pflanzencreme enthält mildes Olivenöl, ein wichtiges Element der traditionellen mediterranen Ernährung.

Im Normalfall erfahren Sie durch die Zutatenliste nicht, in welchen Mengen die einzelnen Zutaten enthalten sind. Wenn der Anbieter jedoch Zutaten auf der Verpackung nennt oder abbildet, so muss er deren prozentualen Mengenanteil angeben. Verbraucher müssen vor falschen Vorstellungen über beworbene Zutaten geschützt werden, das will die Lebensmittelkennzeichnungsverordnung mit der **QUID-Regelung** (**Q**uantitative **I**ngredients **D**eclaration – Mengenkennzeichnung von Zutaten) erreichen.

Stand: 10/2012

Die Mengenangabe der beworbenen Zutat steht in oder unmittelbar bei der Verkehrsbezeichnung – zum Beispiel „Knuspermüsli mit 12 % Haselnüssen"– oder in der Zutatenliste bei den entsprechenden Zutaten, zum Beispiel „Erdbeeren (3 %)". Diese Regelung gilt unter den folgenden Voraussetzungen:

- Die Zutat ist im Produktnamen genannt, beispiels-
  weise der Schinken auf der Schinkenpizza.
- Die Zutat wird durch Abbildungen oder Wörter
  besonders hervorgehoben, wie zum Beispiel der
  Erdbeeranteil durch den Hinweis „mit fruchtigen
  Erdbeeren" und die Abbildung von Erdbeeren.
- Der Verbraucher erwartet aufgrund der Verkehrsbe-
  zeichnung bestimmte Zutaten wie etwa Pilze in der
  „Jägersoße".

[] Tipp

Abbildungen von prallen Früchten, leckerer Schokolade oder hochwertigen Fleischstücken springen bei den
meisten verpackten Lebensmitteln sofort ins Auge.
Lassen Sie sich nicht täuschen! Für wörtlich genannte
und abgebildete Zutaten gilt die Mengenkennzeichnung. Im Kleingedruckten auf der Rückseite erfahren
Sie, wie viel der ausgelobten Bestandteile tatsächlich
im Produkt stecken. Ist die Menge nicht angegeben,
so ist die Zutat nur bis zu etwa zwei Prozent drin.
Diese kurze Prüfung bringt oft erstaunliche Ergebnisse
und zeigt immer wieder: Ein hoher Preis und eine
appetitliche Aufmachung der Verpackung bedeuten
nicht unbedingt, dass auch viel von den angegebenen
hochwertigen Zutaten im Produkt steckt. Preiswerte
Lebensmittel in schlichter Verpackung können hier
oftmals mithalten.

Zurück zur *Thai Chef Ente* von Seite 69. Bei solchen
Produkten hilft die Mengenkennzeichnung allerdings
nicht weiter: Für etwas, das *nicht* enthalten ist, kann
keine Menge angegeben werden – den Hinweis „mit
0 % Ente" werden Sie in keiner Verkehrsbezeichnung
finden. Gleiches gilt für die Zutatenliste: Was nicht drin
ist, kommt auch nicht drauf.

Lücken bei der Mengenkennzeichnung: ärgerlich und sinnlos

Für Zutaten, die in geringer Menge zur sogenannten **Geschmacksgebung** verwendet werden, gilt die Mengenkennzeichnungspflicht nicht. Was „geringe Mengen" sind, schreibt die Kennzeichnungsverordnung nicht vor. In der Praxis kann man von etwa zwei Prozent ausgehen. Das erfundene Beispiel zeigt die daraus folgende Konsequenz: Ein Erfrischungsgetränk „Mango" gibt im Zutatenverzeichnis an „Mangosaft (5%)". So mancher fühlt sich hierdurch verschaukelt und hätte zu Recht mehr erwartet. Ein anderer Hersteller führt in der Zutatenliste nur „Mangosaft" auf, ohne jegliche Mengenangabe. Damit lassen sich die Produkte nicht mehr miteinander vergleichen. Nur wer die Kennzeichnungsreglung kennt, interpretiert richtig, dass im zweiten Getränk vermutlich weniger als zwei Prozent Mango sind.

Und so sieht das Ganze aus Herstellersicht aus: „Gebe ich nur besonders wenig der beworbenen Zutat in mein Produkt, kann ich verschweigen, wie geizig ich damit bin. Für den Geschmack verwende ich Aromen – das ist billiger."

Das fordern die Verbraucherzentralen

- Diese Ausnahmeregelung macht keinen Sinn und sollte schleunigst abgeschafft werden!
- Wer mit Zutaten wirbt, soll gefälligst auch angeben, wie viel oder wie wenig er davon verwendet!

Einige Beispiele zu diesem Hersteller-Schlupfloch:

■ *Müllermilch Pistazie-Cocos*: Pistazie und Kokos sind genannt und abgebildet – aber offensichtlich nur „in geringer Menge zur Geschmacksgebung" mit je unter zwei Prozent enthalten – denn die Mengenkennzeichnung fehlt.

Stand: 07/2011

■ Knorr *Spaghetteria Pasta Panna*: Auf der Vorderseite ist „Speck" genannt. Die Abbildung zeigt einen Teller mit Nudeln in Sauce mit zahlreichen Speckstückchen sowie im Hintergrund ein großes Stück durchwachsenen Speck. Auf eine nennenswerte Menge von Speckwürfeln kann der Käufer aber nicht hoffen, denn auch hier fehlt die Mengenangabe – vermutlich bis etwa zwei Prozent.

Stand: 04/2012

01/2012
(altes Produkt)

■ *Nevella Tafelsüße mit Stevia* (Stevia ist ein Süßungsmittel aus den süß schmeckenden Glycosiden der Steviapflanze). In der ursprünglichen Zutatenliste war der Stevia-Anteil mit drei Prozent angegeben. Verbraucher beschwerten sich daraufhin bei der Verbraucherzentrale, weil sie einen höheren Stevia-

Anteil erwarteten. Der Anbieter nutzt inzwischen aber die Kennzeichnungslücke: Auf dem neuen Produktetikett steht zwar „Stevia" in der Zutatenliste, aber nun ohne Mengenangabe!

INGRÉDIENTS : Maltodextrine, édulcorant extrait de stevia (rebiana) 3%. / INGREDIENTEN: Maltodextrine, zoetstof stevia extract (rebiana) 3%. / ZUTATEN: Maltodextrin, Süßstoff Stevia-Extrakt (Rebiana) 3%.

ZUTATEN: Maltodextrin, Süßstoff Steviol-Glykoside

Zutatenliste vorher:
Stand 01/2012;
Zutatenliste nachher:
Stand 04/2012

Ein ganz luxuriöser Fall!

Die *Gänseleber-Pâté* von Lacroix wirbt mit einem „Hauch von Luxus". Ob damit die Trüffel-Menge gemeint ist? Gerade mal 0,5 Prozent befinden sich darin! Oder sind es die zwei Prozent Gänseleber? Viermal so viel gewöhnliches Schweinefleisch wie hochwertigeres Gänsefleisch wäre eine dritte Erklärungsmöglichkeit für diesen "Hauch"-Slogan. Betrachten Sie die gesamte Zutatenliste, dann finden Sie dort auch Emulgator E 472c, Speisestärke, Verdickungsmittel, Konservierungsstoff und Antioxidationsmittel. Das klingt nicht nach Luxus, sondern nach einem schnöden Industrieprodukt. Einzig positiv ist, dass der Käufer die Minimengen in der Zutatenliste tatsächlich erfährt.

Zutaten: Schweinefleisch (28%), Speck, Schweineleber, Bouillon (Wasser, Schweinefleisch, Speisesalz), Gänsefleisch (7%), Putenleber, Gänseleber (2%), Speisesalz, Zwiebeln, Emulgator: E472c, Sommertrüffel (0,5%), Gewürze, Speisestärke, Traubenzucker, Verdickungsmittel: Guarkernmehl, Konservierungsstoff: Natriumnitrit, Antioxidationsmittel: Ascorbinsäure.

Stand: 03/2012

Umfruchten

Die treffende Bezeichnung „Umfruchten" hat die Verbraucherzentrale Hamburg erfunden. Was steckt dahinter und wie funktioniert es? Ganz einfach: Auf der Verpackung eines Fruchtsaftgetränks prangen zum Beispiel großformatig Himbeeren, Brombeeren, Granatäpfel oder Mangos. Motive von Beerenfrüchten und exotischen Fruchtarten erfreuen sich hier größter Beliebtheit. Hauptbestandteil des Getränks ist aber eine ganz andere, preiswertere Frucht wie zum Beispiel Apfel oder Traube. Damit Abbildung und Inhalt für ein „gelungenes" Umfruchten stimmig sind, darf Aroma natürlich nicht fehlen, häufig werden auch färbende Lebensmittel eingesetzt. Typisch fürs Umfruchten sind Produkte mit hohem Fruchtanteil wie Fruchtsäfte, Fruchtsaftgetränke, Fruchtriegel oder Früchtemüslis. Das zeigen viele Meldungen auf lebensmittelklarheit.de.

Stand: 09/2012

Besonders dreist wurden die Fruchtgummis *Cranberry Berries, mit natürlichem Fruchtsaft* beworben. Hauptsächlich war Apfelsaft enthalten, von Cranberrys fehlte **jegliche** Spur. Der Verbraucherzentrale Bundesverband mahnte erfolgreich ab. Die Firma avita verpflichtete sich daraufhin, die Fruchtgummis mit dieser Aufmachung und Werbung nicht mehr zu verkaufen.

Beim Smoothie *Fruit2day Kirsche – rote Traube* der Schwartauer Werke klagte der Verbraucherzentrale Bundesverband (vzbv) und bekam Recht. Das Produkt erweckt durch Fruchtabbildungen und den Produktnamen den Eindruck, dass es hauptsächlich aus Kirschen und roten Trauben bestehe. Tatsächlich machen diese Zutaten nur 25 Prozent des Inhalts aus. Hauptbestandteile sind Äpfel und Bananen. Auch bei den beworbenen „knackigen Fruchtstückchen" handelt es sich nicht um die offensiv beworbenen Kirschen oder Trauben, sondern um Birnen! Eine Irreführung, so urteilte das Landgericht Lübeck. Die Schwartauer Werke mussten ihre Smoothie-Verpackung ändern.

Ein vergleichbarer Fall ist das *Knusperone Früchte Müsli*. Die Verpackungsvorderseite zeigt Abbildungen von Himbeere, Erdbeere, Banane und Aprikose; zusätzlich lautet die Bewerbung „mit 40% Frucht". An Früchten sind aber hauptsächlich Sultaninen enthalten, die abgebildeten Fruchtarten machen zusammen nur knapp sechs Prozent aus.

Stand: 09/2011

Müsli mit Früchten
Fruchtanteil: 40%

Zutaten:
Hafervollkornflocken (28%), Sultaninen, Weizenvollkornflocken (23%), Cornflakes (Mais, Zucker, Salz, Gerstenmalz), Bananenchipsstücke (3%) (Bananen, pflanzliches Öl, Zucker, Honig, natürliches Aroma), Aprikosenstücke (2%), Dattelstücke, Apfelstücke, Feigenstücke, Pfirsichstücke, Pflaumenstücke, Birnenstücke, Apfelpulver (Äpfel, Zucker, Maisstärke), Himbeerstücke (0,4%), Erdbeerstücke (0,4%). Fruchtanteil: 40%

Stand: 09/2011

Auch über aromatisierte Früchtetees beschweren sich immer wieder zahlreiche Verbraucher. Schöne Abbildungen versprechen fruchtigen Genuss, die passende Produktbezeichnung lautet beispielsweise „Himbeer-Johannisbeere" oder „Beeren-Mix". Der Blick auf die Zutatenliste zeigt, dass die ausgelobten Früchte im Tee nur in Spuren oder gar nicht vorhanden sind. Stattdessen finden sich Apfel, Hagebutte, Hibiskus und – natürlich – Aromen als Zutaten. Die Leitsätze des Deutschen Lebensmittelbuches für Tee und Teeerzeugnisse erlauben dies, denn sie fordern lediglich einen Hinweis auf die Geschmacksrichtung. Im Gegensatz zu anderen Tees müssen bildliche Darstellungen nicht der Zusammensetzung entsprechen.

Dass diese Regelung an der Auffassung der Verbraucher vorbeigeht, zeigt eine Lebensmittelklarheit-Studie: Sind Früchte, zum Beispiel Granatapfel und Brom-

beeren, auf einer Früchtetee-Verpackung abgebildet, so erwarten etwa zwei Drittel der Verbraucher, dass diese auch als Zutaten enthalten sind. Über 60 Prozent rechnen nicht damit, dass der Tee hauptsächlich aus anderen Fruchtarten besteht.

 Tipp

Werden auf Lebensmitteln hochwertige Früchte wie Beeren, Kirschen, Acerola oder Sanddorn beworben, dann überprüfen Sie die Zutatenliste: Welche Fruchtart steht an erster Stelle? Von dieser ist dann am meisten enthalten. Sind die beworbenen Früchte entsprechend ihrer Reihenfolge in der Zutatenliste kaum vorhanden? Dann finden Sie sicher Aromen und häufig auch färbende Zutaten, die das Umfruchten vertuschen sollen.

Das fordern die Verbraucherzentralen

- Dieses Kennzeichnungsmanöver bei aromatisierten Früchtetees führt Verbraucher in die Irre und gehört so schnell wie möglich abgeschafft: Früchteabbildungen auf Früchtetee müssen die Zusammensetzung wiedergeben, nicht die Aromatisierung.
- Hinweise auf die Aromatisierung gibt es zwar auf den Früchteteepackungen. Allerdings sollten sie deutlich platziert und gut lesbar sein.

„Noch 'ne Runde" – Alkohol in Lebensmitteln

Wenn Sie Bier oder Wein trinken, einer Hirschkeule in Rotwein frönen oder Rumkugeln naschen, sind Sie sich dessen bewusst, dass Sie Alkohol zu sich nehmen. Doch erwarten Sie Alkohol in Fertiggerichten, Soßen oder Desserts? Der ist nicht selten erhalten.

Meistens ist deren Alkoholgehalt zwar so gering, dass Sie eine körperliche Wirkung ausschließen können. Aber viele Menschen wollen oder müssen auch geringste Mengen Alkohol vermeiden: Für ehemalige Alkoholkranke birgt der Alkoholgeschmack oder allein der Geruch alkoholischer Essenzen wie Rumaroma die Gefahr eines Rückfalls. Natürlich möchten auch viele Eltern verhindern, dass ihre Kinder sich frühzeitig an den Alkoholgeschmack gewöhnen und meiden deshalb alkoholhaltige Lebensmittel. Viele Menschen lehnen auch aus religiösen Gründen schon kleinste Alkoholmengen ab.

Wie unterschiedlich die Gründe auch sein mögen – jeder sollte die Möglichkeit haben, im Handel und in der Gastronomie schnell und einfach alkoholfreie Lebensmittel wählen und von alkoholhaltigen unterscheiden zu können. Die geltenden gesetzlichen Kennzeichnungsregeln sind hierbei nicht hilfreich.

Haben Sie schon einmal versucht, eine alkoholfreie Pralinenmischung auszuwählen? Die Zutatenliste ist hier oft besonders lang, weil die Schachtel verschiedenste Pralinensorten mit unterschiedlichen Zutaten enthält.

⋮ Gut zu wissen

Mal ganz nüchtern betrachtet: Alkohol kann sich auf nahezu alle Organe und Gewebe des menschlichen Körpers negativ auswirken. Größere Mengen Alkohol – vor allem regelmäßig konsumiert – sind riskant: Lebererkrankungen, ein erhöhtes Krebsrisiko, Nerven- oder Hirnschädigungen und nicht zuletzt die Alkoholabhängigkeit können die Folge sein.

In Maßen getrunken ist Alkohol für gesunde Erwachsene unbedenklich: Das bedeutet für Frauen nicht mehr als 10 Gramm reinen Alkohol pro Tag, für Männer nicht mehr als 20 Gramm. 10 Gramm Alkohol stecken etwa in einem kleinen Glas Bier (0,3 Liter) oder Wein (0,1 Liter). Außerdem sollten alkoholhaltige Getränke nicht täglich konsumiert werden.

Um Alkohol als Zutat auszuschließen, reicht es nicht einmal, die häufig winzig klein gedruckte Zutatenliste nach dem Begriff „Alkohol" zu scannen – Sie müssen sie sorgfältig und von vorne bis hinten lesen. Denn er befindet sich in vielen alkoholhaltigen Zutaten: Arrak, Cognac, Maraschino, Marc de Champagne, Cointreau, Calvados ... Ein mühsames Unterfangen!

PRALINEN
Zutaten: Zucker, Kakaobutter, Kakaobohnen, Vollmilchpulver, Mandeln, Sahne, Haselnüsse, Glukosesirup, pflanzliches Fett, Magermilchpulver, Kondensmilch, Ananas, Emulgator: Sojalecithine, Butterreinfett, Calvados, Curaçao Likör, Honig, Cointreau Likör, Orangenschalen, Marc de Champagne, Weindestillat, Eierlikör (Kirschwasser, Eigelb, Sahne, Zucker), Amaretto, natürliche Aromastoffe, Zimt, Säuerungsmittel: Citronensäure, Bourbon-Vanille.
Mindestens haltbar bis: siehe Eindruck.

Beispiel für eine Zutatenliste auf alkoholhaltigen Pralinen; Stand: 11/2012

Ein deutlicher Alkoholhinweis direkt auf der Vorderseite der Verpackung könnte Käufern, die vor den langen Pralinenregalen stehen, schnell Klarheit verschaffen: Dann könnten Sie sich bei der Wahl auf die Geschmacksvorlieben konzentrieren. Eine solche Kennzeichnung ist aber nicht vorgeschrieben.

Zwar sind etliche Anbieter inzwischen dazu übergegangen, ihre alkohol*freien* Sortimente als solche zu deklarieren. Einen freiwilligen Hinweis, dass Alkohol *enthalten* ist, findet man dagegen kaum. Transparenz sieht anders aus!

Aber es kommt noch schlimmer: Während Käufer bei Pralinen vermutlich eher mit alkoholhaltigen Füllungen rechnen, taucht Alkohol in vielen anderen Produkten gänzlich unvermutet auf: in Erdbeerkonfitüre, Orangenmarmelade, Früchtekuchen, Geflügel- oder Pfifferlingcremesuppe, in Salatdressings, Lachsfilet in Soße, Sauerkraut und Putengeschnetzeltem. So trug

Stand: 03/2012

Eismeergarnelen in Dillsauce
Zutaten: Eismeergarnelen 50%, Wasser, pflanzliches Öl, Zucker, Dextrose, Sahne, Maisstärke, Eigelb, Branntweinessig, Säuerungsmittel: Essigsäure, Milchsäure; Dill 0,7%, Weinbrand, Sherry, Weinessig, Speisesalz, Aroma (Laktose, Fischerzeugnis, Krebserzeugnis), Verdickungsmittel: Guarkernmehl, Johannisbrotkernmehl, Xanthan; Gewürze, Senf (Wasser, Senfsaaten, Branntweinessig, Speisesalz, Gewürze). Ungeöffnet unter +7 °C mindestens haltbar bis: siehe Schalenseite. Enthält Alkohol, daher für Kinder nicht zum Verzehr geeignet.

Garnelen (*Pandalus borealis*) gefangen im Nordwestatlantik (FAO Nr. 21), mit Schleppnetzen gefischt.   ℹ **www.lidl.de/fisch**

ein Shrimpssalat, den ein verärgerter Käufer der Verbraucherzentrale gemeldet hatte, auf der Rückseite der Verpackung, im Anschluss an die Zutatenliste den Hinweis: „Enthält Alkohol, daher für Kinder nicht zum Verzehr geeignet"!

Auch über ein Eis in der Waffeltüte, das sich überraschend als alkoholhaltig erwies, beschwerten sich Käufer bei der Verbraucherzentrale. Ein Prozent reiner Alkohol war laut Hinweis enthalten – das ist mehr als nur eine Spur! Der Mengenhinweis ist eine freiwillige Angabe, die der Eisfreund auf der Rückseite der Verpackung leider erst nach dem Kauf entdeckte.

Kakaowaffeltüte (15 %) mit kakaohaltiger Fettglasur (11 %), gefüllt mit Eis mit weißer Schokolade und Kirschsoße (29 %), dekoriert mit Kirsch-Crispies (Das Produkt enthält ca. 1% Alkohol)

Zutaten: Entrahmte Milch, Fruktose, Zucker, Molkenerzeugnis, Wasser, Weizenmehl, pflanzliches Fett, Glukosesirup, Sauerkirschmarkkonzentrat, Sorbitsirup, Sauerkirschpüree, Sauerkirschsaftkonzentrat, fettarmer Kakao, weiße Schokolade 1,5 % (Zucker, Kakaobutter, Vollmilchpulver, Emulgator Sojalecithine, natürliches Vanillearoma), pflanzliches Öl, Maltodextrine, Emulgatoren (Mono- und Diglyceride von Speisefettsäuren, Sojalecithine), Stärke, Stabilisatoren (Johannisbrotkernmehl, Guarkernmehl, Carrageen, Pektine), Säuerungsmittel Citronensäure, Säureregulator Natriumcitrat, färbendes Pflanzenkonzentrat (schwarze Karotte), färbende Pflanzenextrakte (Karotte, Paprika), natürliches Kirscharoma mit anderen natürlichen Aromen, Schwarzwälder Kirschwasser, Ethylalkohol, Speisesalz.

Kann Spuren von Erdnüssen und Schalenfrüchten (Nüssen) enthalten.

Bei –18 °C mindestens haltbar bis: siehe Seitenaufdruck.   6 x 115 ml = 690 ml ℮

Stand: 11/2011

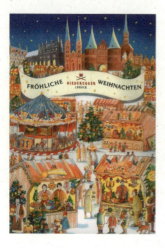

Zutaten: Mandeln 28 %, Zucker, Vollmilch-Schokolade 16 % (Zucker, Kakaobutter, Vollmilchpulver, Kakaomasse, Emulgator: Soja-Lecithine, Vanille-Extrakt), Zartbitter-Schokolade 15 % (Kakaomasse, Zucker, Kakaobutter, Vollmilchpulver, Emulgator: Soja-Lecithine, Vanille-Extrakt), Haselnüsse, Invertzuckersirup, Alkohol, Kakaobutter, Kakaomasse, Butter, Sahnepulver, Pistazien, Ananas, Emulgatoren: (Soja-, Sonnen-blumen-Lecithine), Orangenschalen, Vollmilchpulver, Glukose-Fruktose-Sirup, löslicher Kaffee, Fruchtpulver Orange (Maltodextrin, Orangen, natürliches Orangenaroma), Fruchtpulver Ananas (Ananas, Maltodextrin), Arrak, natürliches Ananasaroma, Glukosesirup, Zimt, Säuerungsmittel: Zitronensäure, stark entölter Kakao, Überzugsmittel: Gummi arabicum, getrocknetes Hühnereiweiß, Stabilisator: Gummi arabicum, Vanillepulver, Farbstoffe: (E 120, 132, 160a). Kann Spuren von anderen Schalenfrüchten und glutenhaltigem Getreide enthalten.
Kakao: 50 % mindestens in der Zartbitter-Schokolade.
Kakao: 33 % mindestens in der Vollmilch-Schokolade.
Kühl und trocken lagern.
Hergestellt in Deutschland.

Stand: 11/2012

! Achtung

Adventkalender mit Promille!
Ein Test der Verbraucherzentrale Hessen im November 2012 deckte auf, dass sogar in Adventskalendern mit kindgerechten Bildmotiven oft alkoholhaltige Süßigkeiten stecken. Dass Alkohol enthalten ist, verrät meist erst das Klein-gedruckte auf der Kalenderrückseite. Die Firma Niederegger schoss den Vogel ab: Sie gaukelte Verbrauchern mit der falschen Werbebehauptung „ohne alkoholische Füllung" vor, dass die Pralinen im Kalender mit kindlichem Weihnachtsmarktmotiv alkoholfrei seien. Trotzdem fand sich in der Zutaten-liste Alkohol als Bestandteil der Zutat "Marzipan". Der Verbraucherzentrale Bundesverband mahnte den Hersteller ab.
Ein Nachcheck der Verbraucherschützer im Adventskalendersortiment 2013 zeigte bei sechs von elf im Vorjahr kritisierten Herstellern positive Reakti-onen: Einige hatten auf alkoholische Zutaten verzichtet und dies beworben, andere zumindest einen deutlichen Alkohol-Warnhinweis auf der Vorderseite angebracht. Jeder zweite Testkandidat legt offenbar weiterhin auf Transparenz und Verbraucherschutz weniger wert: Er verkauft weiterhin Adventskalender mit kindgerechten Motiven ohne vorne deutlich darauf hinzuweisen, dass die Füllungen Alkohol enthalten – darunter die Firmen Marc Antoine, Reber und Niederegger. Letztere hatte lediglich das im Vorjahr beanstandete Produkt aus dem Handel genommen.

Das sagen die derzeitigen Kennzeichnungs-regelungen

- Grundsätzlich darf Alkohol als Zutat in Lebensmitteln enthalten sein, ohne dass darauf besonders hingewiesen werden muss.
- Der Alkohol oder die alkoholhaltige Zutat muss im Zutatenverzeichnis aufgeführt sein.
- Bei Getränken ab 1,2 Volumenprozent Alkohol muss die Alkoholmenge angegeben werden.
- Für feste Lebensmittel gibt es keine derartige Vorschrift – unabhängig davon, wie viel Alkohol ein Produkt enthält!
- Wenn Alkohol als Trägerstoff oder Lösungsmittel für Aromen dient, muss er in der Zutatenliste nicht extra erwähnt werden, gekennzeichnet wird nur das Aroma. Verarbeitete Lebensmittel können bei den üblichen Aromadosierungen auf diese Weise 0,01 bis 0,2 Prozent Alkohol enthalten.

[] Tipp

Verpackte Lebensmittel müssen, abgesehen von wenigen Ausnahmen, ein Zutatenverzeichnis tragen. Dort ist entweder „Alkohol", auch als „Ethanol" oder „Ethylalkohol" bezeichnet, zu finden oder aber die alkoholhaltigen Zutaten wie Wein oder Spirituosen. Wenn Sie es genau wissen wollen, studieren Sie unbedingt die Zutatenliste. Doch Vorsicht: Sehr geringe Alkoholmengen können sich als Trägerstoffe oder Lösungsmittel von Aromen im Lebensmittel verstecken, ohne dass Sie davon etwas erfahren, denn hier muss der Alkohol nicht deklariert sein, sondern taucht nur als „Aroma" in der Zutatenliste auf. Und bei allen lose verkauften Lebensmitteln sowie in der Gastronomie hilft grundsätzlich nur Nachfragen.

Nicht immer 0,0 „Umdrehungen": alkoholfreies Bier

Erwarten Sie, dass ein alkoholfreies Bier immer frei von Alkohol ist? Dem ist leider nicht so. Immer wieder beschwerten sich Verbraucher im Internetportal lebensmittelklarheit.de über „alkoholfreie" Biere. Sie sahen sich durch die Aufmachung und Kennzeichnung getäuscht, nachdem sie erfahren hatten, dass der Gerstensaft trotzdem Alkoholmengen von bis zu 0,5 Volumenprozent aufweisen kann. Bei der Angabe „alkoholfrei" erwarten diese Käufer ein Bier, das tatsächlich frei von Alkohol ist. Ärgerlich fanden sie auch, dass ein Hinweis auf den enthaltenen Restalkohol fehlte.

In Deutschland wird Bier in der Tat bis zu einem Alkoholgehalt von 0,5 Volumenprozent als „alkoholfrei" bezeichnet. Dieser Wert ist jedoch nur ein „üblicher" und von der Lebensmittelüberwachung respektierter. Die Bezeichnung „alkoholfrei" ist bei Bier bisher nicht rechtlich festgelegt. Verfahrenstechnisch ist es durchaus möglich, den Alkohol restlos aus dem Bier zu verbannen. Es sind auch Biere auf dem Markt, die wirklich *keinen* Alkohol enthalten.

Doch selbst wenn Sie über den möglichen Restgehalt an Alkohol Bescheid wissen, haben Sie keine Möglichkeit, festzustellen, ob und wie viel Alkohol Ihr „alkoholfreies" Bier enthält. Hier fehlt eine klare Kennzeichnungsregelung!

Die Bierbranche rechtfertigt sich gegenüber den Verbraucherzentralen gerne mit dem Argument, dass auch andere Lebensmittel wie Obstsäfte und Kefir geringe Alkoholmengen enthalten könnten, ohne dass diese deklariert seien. Das ist zwar richtig und die Verbraucherzentralen gehen tatsächlich auch davon aus, dass

dies nicht jedem Käufer bekannt ist. Der Fall liegt hier
aber anders: Diese Produkte werden in der Regel nicht
als „alkoholfrei" beworben. An einen Kefir, den der
Hersteller als „alkoholfrei" kennzeichnet, würden die
Verbraucherschützer dieselbe Messlatte anlegen wie
an alkoholfreies Bier: Was sich „alkoholfrei" nennt,
muss eben auch alkoholfrei sein, nämlich 0,0 Volumenprozent.

Übrigens: In der Nährwertkennzeichnung (siehe Seite
217), die oft in Tabellenform den Gehalt an Fett, Eiweiß
und Kohlenhydraten auflistet, finden Sie manchmal
den Begriff „mehrwertige Alkohole". Diese haben mit
„Alkohol" im herkömmlichen Sinne, also Ethylalkohol,
nichts zu tun. Es handelt sich um sogenannte Zucker-
alkohole oder Zuckeraustauschstoffe. Sie dienen zum
kalorienarmen und zahnschonenden Süßen und rie-
chen und schmecken auch nicht nach Alkohol.

Das fordern die Verbraucherzentralen

Es ist unrealistisch, dass Verbraucher während des
Lebensmitteleinkaufs ständig die kleingedruckte
Zutatenliste komplett lesen. Es ist auch nicht zumut-
bar, dass sämtliche Informationen auf der Verpackung
durchforstet werden müssen, um Hochprozentiges in
Lebensmitteln vermeiden zu können.

■ Um Transparenz beim Einkauf zu schaffen, muss die
Kennzeichnung alkoholhaltiger Lebensmittel verbessert werden: Ein eindeutiger, gut erkennbarer
Alkoholhinweis ist auch aus Gründen eines vor-
beugenden gesundheitlichen Verbraucherschutzes
wichtig, sowohl für Kinder als auch für Erwachsene,
die auf jeglichen Alkohol verzichten müssen oder
wollen.

Das fordern die Verbraucherzentralen

- Der eindeutige, gut erkennbare Alkoholhinweis gehört sowohl auf verpackte Lebensmittel – und zwar auf die Vorderseite – als auch an deutlicher Stelle zu unverpackten Produkten, unabhängig davon, wie viel Alkohol sie enthalten.
- In der Gastronomie und in der Gemeinschaftsverpflegung sollten Gerichte mit Alkohol auf der Speisekarte oder im Aushang entsprechend deutlich kenntlich gemacht werden.
- Alle alkoholhaltigen Lebensmittel, seien es Getränke oder feste Lebensmittel, sollten darüber hinaus eine Nährwertkennzeichnung tragen, die auch den Alkoholgehalt nennt.
- Die Werbung „alkoholfrei" muss Produkten mit 0,0 Volumenprozent (vol. %) Alkohol vorbehalten sein.

Produkte von nah und fern

Viele Produktnamen schmücken sich mit Herkunftsangaben. So sind Krabben nicht einfach „Krabben", sondern „Büsumer Krabben". Das Gleiche gilt zum Beispiel auch für „Original Schweizer Bündner Fleisch", „Mühlhäuser Erdbeerkonfitüre"„Bayerischer Leberkäse" oder „Lüneburger Heidschnucke". Aber können Sie wirklich den wohlklingenden Angaben vertrauen? Was steckt dahinter?

Welchen Bezug solche Produkte zur angegebenen Ortsbezeichnung oder Region haben, ist vielfach unklar. Kein Wunder! Denn die Bandbreite reicht vom Wiener Würstchen, das Wien niemals gesehen haben muss, über den Allgäuer Bergkäse, der tatsächlich von Milchkühen im Allgäu stammt und dort produziert wurde, bis zum Hühnerei mit aufgedrucktem Erzeugercode (siehe unten). Letzterer ist eine gesetzlich verpflichtende Ursprungskennzeichnung, durch die der Käufer die Eierherkunft zumindest bis zum Bundesland – oder sogar bis zum Produzenten – zurückverfolgen kann.

Rechtlich geregelt – mit vielen Ausnahmen

Für die meisten Lebensmittel gibt es keine Rechtsvorschriften zur Kennzeichnung von Herkunft und Ursprung (siehe Seite 216). Lebensmittelgruppen mit einer Vorschrift hierzu kann man fast an einer Hand abzählen. Zu den Regelungen gibt es außerdem viele Ausnahmen und Besonderheiten.

Eierkennzeichnung

Der Stempel auf dem Ei, der sogenannte Erzeugercode, ist eine Pflichtkennzeichnung. Es gibt nur wenige Anbieter, die Eier ungestempelt verkaufen dürfen – beispielsweise Direktvermarkter, die unsortierte Eier vom eigenen Hof anbieten. Im Stempelcode auf dem Ei sind neben den Angaben zur Haltungsform der Legehennen auch Informationen zum Ursprungsland und dem Erzeugerbetrieb verschlüsselt:

Stand: 04/2013

Die erste Ziffer steht für das Haltungssystem:

- 0 = Ökologische Erzeugung
- 1 = Freilandhaltung
- 2 = Bodenhaltung
- 3 = Käfighaltung (ausgestaltete Käfige oder Klein-
  gruppenhaltung)

Dann folgt der Ländercode mit der Abkürzung für die
EU-Mitgliedsstaaten, aus denen die Eier stammen,
zum Beispiel:

- DE = Deutschland
- AT = Österreich
- NL = Niederlande

Dem Länderkürzel schließt sich die Betriebsnummer an.
In Deutschland stehen dabei die ersten beiden Ziffern
für das Bundesland (etwa 01 für Schleswig-Holstein,
03 für Niedersachsen, 05 für Nordrhein-Westfalen). Die
darauf folgenden Ziffern identifizieren den dortigen
einzelnen Erzeugerbetrieb. Sofern die Eierproduzenten
Mitglied im „Verein für kontrollierte alternative Tierhal-
tungsformen e. V." (KAT) sind, finden Sie Namen und Ort
des Legebetriebs unter **www.was-steht-auf-dem-ei.de.**

So sind viele Legebetriebe, zum Beispiel Anbieter auf
Wochenmärkten und Bioerzeuger, für Käufer nicht zu
ermitteln.

Eine frei zugängliche zentrale Datenbank gibt es aber
nicht. Der Gesetzgeber begründet dies damit, dass die
Betriebsnummer eine Information für die zuständigen
Kontrollbehörden ist (vergleichbar mit den Kfz-Kenn-
zeichen). Eine Veröffentlichung der Betriebsnummer
in Verbindung mit Name und Anschrift des entsprechenden Betriebes von Seiten der Behörden sieht das
Marktordnungsrecht aus Datenschutzgründen nicht
vor. Verbraucher, die sich über die Erzeugerbetriebe
informieren wollen, müssen direkt mit dem auf der Verpackung genannten Unternehmen bzw. der genannten
Organisation Kontakt aufnehmen. Trotzdem zählen
Eier zu den wenigen Lebensmitteln mit gut nachvoll-
ziehbarer Herkunft.

Doch auch die ausführliche Herkunftskennzeichnung
bei Eiern hat schnell ein Ende, sobald ein Ei verarbeitet ist, zum Beispiel als Osterei gefärbt wird oder als
Zutat in Backwaren oder Nudeln verschwindet. Dann
sind weder Haltungsform noch Herkunft für den Käufer
nachvollziehbar. Denn die Kennzeichnungsvorschrift
bezieht sich nur auf unverarbeitet verkaufte Eier.

[] Tipp

Nur der Stempel auf dem Ei klärt die Herkunft! Um das Ursprungsland zu erfahren, müssen Sie den Eierkarton öffnen. Ein Blick auf die Verpackung genügt nicht, denn die dort angegebene Packstellennummer sagt nichts über den Ursprung der Eier aus, sondern nur über den Ort, an dem sie abgepackt wurden. So können Eierkartons, auf denen ein Buchstaben- und Zifferncode mit „DE" zu finden ist, beispielsweise auch Eier aus den Niederlanden enthalten.

Das kann leicht zu Verwechslungen führen, zumal Käufer sich daran gewöhnt haben, alle wichtigen Informationen **auf** der Verpackung zu finden (siehe Abbildung unten links). Deshalb fordern die Verbraucherzentralen, dass das Ursprungsland nicht nur auf dem Ei, sondern auch auf der Verpackung stehen muss.

Stand: 04/2013

> **! Achtung**
>
> Meinungsumfragen zeigen: Die meisten Verbraucher wollen Eier aus tiergerechter Hühnerhaltung kaufen. Supermärkte haben daher frische Eier aus „Kleingruppenhaltung" praktisch nicht mehr im Sortiment. Bei frischen Eiern können Sie sich durch den Stempelaufdruck bewusst für Boden-, Freiland- oder Biohaltung entscheiden. Nicht so bei verarbeiteten Eiern. Allein in Deutschland werden dazu jährlich deutlich mehr als eine Milliarde Eier aus Kleingruppenkäfigen produziert, dazu kommen noch die EU-Importe. Ein freiwilliger Hinweis des Herstellers zur Haltungsform fehlt meist. Das zeigte eine Anfang 2013 von der Verbraucherzentrale Hamburg durchgeführte Stichprobe im Supermarkt: Von rund 240 überprüften eihaltigen Produkten trugen über 70 Prozent keine Hinweise zur Haltungsform.

Fleisch

Die BSE-Krise hat dazu geführt, dass es für Rindfleisch seit dem Jahr 2000 ein EU-weit einheitliches Kennzeichnungssystem gibt. Es gilt für lose verkauftes und verpacktes frisches und tiefgekühltes Rind- und Kalbfleisch sowie unverarbeitetes Rinderhackfleisch, das in der EU vermarktet wird. Verbraucher erfahren dadurch, wo das Rind, von dem das Fleisch stammt, geboren, gemästet und geschlachtet wurde.

Die Kennzeichnung setzt sich aus folgenden Informationen zusammen:

- Referenznummer oder -code (Kennnummer des Tieres oder einer Gruppe von Tieren)

Dieses
Bio-Rindfleisch
Tier geboren in: Deutschland
Lieferte uns Fa.Issing
zuletzt gemästet in: Deutschland von Landwirt
Landw. Produktion GmbH07422 Rottenbach
116   Geschlachtet in Deutschland ES 1603

Beispiel für ein
Rindfleisch-Etikett;
Stand: 05/2013

- „Geboren in: ...“
- „Gemästet in: ...“ oder „Aufgezogen in: ...“
- „Geschlachtet in: ...“, Zulassungsnummer des Schlachthofs
- „Zerlegt in: ...“, Zulassungsnummer des Zerlegungsbetriebes bzw. der Zerlegungsbetriebe

Erfolgten Geburt, Mast und Schlachtung in ein und demselben Land, kann vereinfacht „Herkunft: ...“ angegeben werden. Bei verpacktem Fleisch stehen die Angaben auf dem Etikett, bei lose angebotenem Fleisch in der Verkaufstheke auf Schildern.

Die Etikettierungspflicht gilt aber – ebenso wie bei den Eiern – nur für unverarbeitetes Fleisch. Sobald das Rindfleisch nur minimal verarbeitet ist, reicht dies, um die Etikettierung zu umschiffen. Das ist schon der Fall, wenn Rindfleisch zum Beispiel als mariniertes Steak oder gesalzen als „küchenfertig“ zubereitet angeboten wird oder wenn es in Fleisch- und Wurstwaren verarbeitet ist. Wird Rindfleisch mit Schweinefleisch zusammen zu Hackfleisch verarbeitet, dann muss das Rindfleisch erst ab einem Rindfleisch-Anteil von über 50 Prozent entsprechend gekennzeichnet werden.

Trotzdem ist Rindfleisch damit schon eine rühmliche Ausnahme. Denn bei anderen Tierarten wie Schweine- oder Lammfleisch gibt es derzeit keinerlei verpflichtende Ursprungskennzeichnung, und bei unverarbeitetem Geflügelfleisch erfahren Sie das Ursprungsland nur, wenn es nicht aus EU-Ländern kommt.

Das soll sich jedoch ab April 2015 ändern: Frisches, gekühltes und gefrorenes Schweine-, Geflügel-, Schafs- und Ziegenfleisch soll zukünftig EU-weit mit dem Aufzuchts- und Schlachtungsland gekennzeichnet werden müssen. Noch unklar ist, ob auch das Geburtsland der Tiere kennzeichnungspflichtig wird. Dass eine Herkunftskennzeichnung für Fleisch als Zutat in verarbeiteten Lebensmitteln verpflichtend wird, ist eher unwahrscheinlich.

Gut zu wissen

Oft muss erst ein Lebensmittelskandal (etwa BSE) die Gesetzgeber aufrütteln, damit fehlende oder zu lasche Kennzeichnungsvorschriften überdacht und verschärft werden. So hat auch der Betrugsskandal um falsch deklariertes Pferdefleisch, der Anfang 2013 Europa erschütterte, die Mängel in der Ursprungskennzeichnung von Fleisch massiv ins Licht der Öffentlichkeit gerückt. In vielen Fertiggerichten wie Lasagne Bolognese, Gulaschkonserven & Co. war Rindfleisch illegal durch Pferdefleisch ersetzt worden. Das stammte vermutlich aus Rumänien und Polen und war auf verworrenen Handelswegen in weiten Teilen Europas verschoben und verarbeitet worden.

Die Herkunftsangabe der Fleischzutaten hätte den Skandal zwar vermutlich nicht verhindert. Es wäre aber möglicherweise leichter gewesen, herauszufinden, woher das Fleisch letztlich stammte. Alles in allem ein riesiger Betrug an den Verbrauchern!

Als Konsequenz aus diesem Skandal kündigte die Bundesregierung unter anderem die Beschleunigung einer Herkunftskennzeichnung für verarbeitete Lebensmittel mit Fleisch als Zutat an. Diese Möglichkeit ist EU-weit in der Lebensmittelinformationsverordnung bereits vorgesehen. Eine Folgenabschätzung der EU-Kommission, die sich auf Datenmaterial der Wirtschaft stützt, kam jedoch zum Ergebnis, dass die Zusatzkosten für eine verpflichtende Herkunftskennzeichnung zu hoch wären – zwischen 25 und 50 Prozent. Verbraucher wären laut dieser Einschätzung nicht bereit, daraus resultierende Preissteigerungen in entsprechender Höhe in Kauf zu nehmen. Es gilt daher als unwahrscheinlich, dass eine verbesserte Kennzeichnung auf fleischhaltigen verarbeiteten Lebensmitteln eingeführt wird. Dann bis zum nächsten Fleischskandal ...!

Beispiel für ein Fisch-
Etikett; Stand 04/2013

Fisch

Auch für Fisch gibt es Vorschriften zur Ursprungskennzeichnung. Bei unverarbeitetem frischem oder tiefge-
kühltem, bei gesalzenem oder geräuchertem Fisch und
für Krebs- und Weichtiere muss das Fanggebiet oder
das Ursprungsland angegeben werden. Für Seefisch
gibt es zwölf definierte Fanggebiete wie Nordwestatlantik, Nordostatlantik, Ostsee und Südwestatlantik.
Bei Fischen aus Binnenfischerei (See oder Fluss) sowie
bei der Zucht in Aquakultur muss das Ursprungsland
genannt werden.

Eine korrekte Kennzeichnung lautet beispielsweise:
„Kabeljau, gefangen im Nordostatlantik" oder „Forelle
aus Aquakultur in Deutschland".

Zubereiteter Fisch, Fisch aus der Dose und andere
Fischerzeugnisse enthalten diese Angaben allenfalls
als freiwillige Angabe.

Obst und Gemüse

Für die meisten frischen, unverarbeiteten Obst- und
Gemüsearten ist das Ursprungsland eine Pflichtkennzeichnung. Sie müssen im Handel eindeutig gekennzeichnet werden – die Angabe mehrerer Ursprungsländer an der Ware, die nicht zuzuordnen sind, ist
unzulässig. Dennoch sind solche Kennzeichnungsver-

stöße immer wieder an den Obst- und Gemüseständen
zu finden.

Auch diese Pflichtkennzeichnung hat Ausnahmen und
Lücken. Ausgenommen von der Kennzeichnungspflicht
sind beispielsweise Speisekartoffeln, frische Bananen,
Oliven, Zuckermais, Kokosnüsse, Paranüsse oder Dat-
teln. Und auch hier klafft die Kennzeichnungslücke für
verarbeitete Erzeugnisse: Sobald zum Beispiel frischer
Spargel geschält, Ananas mundgerecht geschnitten
oder Spinat tiefgekühlt angeboten werden, bleibt das
Ursprungsland im Dunkeln.

Der „Erdbeer-Skandal" Ende 2012 verdeutlicht das
Problem: Ein großes Catering-Unternehmen hatte von
einem Direktimporteur tiefgekühlte Erdbeeren aus
China bezogen – vermutlich zu einem Billigpreis – und
damit Schulkantinen beliefert. Mehr als 11.000 Menschen erkrankten an Noroviren, weil die Erdbeermasse
mit den Erregern belastet war. Wer aufgrund des Skan-
dals bewusst Tiefkühl-Erdbeeren aus China meiden
wollte, musste spätestens dann feststellen, dass er
das Ursprungsland von Tiefkühlobst- und -gemüse gar
nicht erfährt. Verbraucher beschwerten sich darüber
vermehrt beim Internetportal lebensmittelklarheit.de.

Biolebensmittel und Honig

Rechtlich zwar vorgeschrieben, aber kaum aussagekräftig geregelt ist die Ursprungskennzeichnung auf
Biolebensmitteln aus verschiedenen Ländern. Denn
bei der verpflichtenden Angabe zu den Ursprungslän-
dern dieser Lebensmittel werden nur folgende Katego-
rien unterschieden:

Kontrollstelle:
DE-ÖKO-001
EU-/Nicht-EU-
Landwirtschaft

- EU-Landwirtschaft: wenn die landwirtschaftlichen Ausgangsstoffe in der EU erzeugt wurden;
- Nicht-EU-Landwirtschaft: wenn die landwirtschaftlichen Ausgangsstoffe in Drittländern erzeugt wurden;
- EU-/Nicht-EU-Landwirtschaft: wenn die landwirtschaftlichen Ausgangsstoffe zum Teil in der Gemeinschaft und zum Teil in einem Drittland erzeugt wurden.

Sind bei Ökolebensmitteln alle Zutaten landwirtschaftlichen Ursprungs in demselben Land erzeugt worden, so kann die genannte Angabe „EU" oder „Nicht-EU" durch die Angabe dieses Landes ersetzt oder um diese ergänzt werden.

Bei der Angabe sind grundsätzlich alle Zutaten zu berücksichtigen – ausgenommen sind nur Bestandteile, die in sehr geringer Menge vorhanden sind. Daher wundert es nicht, dass die Angabe „EU-/Nicht-EU-Landwirtschaft" bei verarbeiteten Biolebensmitteln gar keine Seltenheit ist. Verbraucher ärgern sich zu Recht über diese inhaltsleere Aussage, die faktisch nichts weiter bedeutet, als dass das Produkt „von irgendwoher stammt". Deutlich transparenter wäre eine Kennzeichnung der Ursprungsländer für alle Hauptzutaten des Lebensmittels.

Für Honig gelten vergleichbare Regelungen: Hersteller können das Ursprungsland oder die Ursprungsländer angeben. Alternativ ist folgende Kennzeichnung möglich: „Mischung von Honig aus EG-Ländern", „Mischung von Honig aus Nicht-EG-Ländern" oder „Mischung von Honig aus EG-Ländern und Nicht-EG-Ländern".

Genauso wenig wie bei Biolebensmitteln ist bei Honig einzusehen, dass die Ursprungsländer nicht einzeln aufgeführt werden müssen.

e 250g Honig
Mischung von Honig
aus EG-Ländern und
Nicht-EG-Ländern.
Mindestens haltbar bis
Ende: siehe Deckel

Beispieletikett für
eine Honigmischung;
Stand: 11/2011

! Achtung

Nicht jeder Verbraucher lässt sich für eine „Mischung
von Honig aus EG-Ländern und Nicht-EG-Ländern"
begeistern. Das ist wohl auch den Honiganbietern
bekannt. Denn gerne kleben einige besonders dreiste
Verkäufer ihren Firmennamen mit Adresse auf die Front
des Honigglases. Zusätzliche Werbeangaben wie „Im-
kerhonig" in unmittelbarer Nähe der Adresse machen
das Täuschungsmanöver perfekt. Denn leicht können
Käufer dadurch die angegebene Firma für den Imkerei-
betrieb halten und den Honig als „regionales Produkt"
kaufen. Angeschmiert! Der angegebene Betrieb mischt
und füllt den Honig lediglich ab.

Natives Olivenöl

Natives Öl, früher auch als „kaltgepresst" bezeichnet,
wird schonend durch mechanisches Auspressen ohne
Wärmezufuhr gewonnen. Die Ausbeute ist niedriger
als bei heißgepresstem Öl, es ist hochwertiger – aber
auch teurer. Natives Olivenöl besitzt einen typischen
und ausgeprägten Eigengeschmack.

GRIECHISCHES
NATIVES OLIVENÖL
EXTRA · KALTEXTRAKTION

CRETAN PRINCE

Der natürliche Saft sonnen-
gereifter Oliven. Nur die besten
Oliven der Sorte Koroneiki
finden Verwendung für dieses
hochqualitative Olivenöl.
CRETAN PRINCE eignet
sich hervorragend zum
Braten, Backen sowie für
kalte Gerichte und Salate.

Erzeugt und abgefüllt von: Botzakis S.A.
Alagni · Iraklion Kreta · Griechenland
EL 40 004
Im Alleinvertrieb für Deutschland

FEINKOST
DITTMANN

Beispiel für ein
Olivenöletikett;
Stand: 05/2013

Seit 2009 wird es in „nativ" und „nativ extra" unterschieden. Beide Qualitätsstufen
müssen einen Hinweis auf den Ursprung
tragen.

Stammt das Olivenöl aus einem Land (Ernte
und Herstellung), so wird dieses angegeben.
Sind Ernteland und Herstellungsland unterschiedlich, dann müssen beide angegeben
werden, beispielsweise „Natives Olivenöl
(extra), hergestellt in Italien, aus Oliven ge-
erntet in Spanien".

Bei Olivenöl-Mischungen aus mehreren
Ländern sind leider, ebenso wie bei Honig
und Biolebensmitteln, Pauschalangaben
vorgesehen:

Unterschieden wird in „Mischung von Olivenölen aus der Gemeinschaft", „Mischung
von Olivenölen aus Drittländern" oder „Mischung von
Olivenölen aus Drittländern und der Gemeinschaft".

EU-Ursprungsbezeichnungen, geografische Angaben und „garantiert traditionelle Spezialitäten"

Bisher ging es um Kennzeichnungen, an die sich
alle Anbieter von bestimmten Lebensmittelgruppen
halten müssen. Es gibt aber noch weitere Ursprungs-
kennzeichnungen, die besondere Spezialitäten aus
bestimmten Regionen auszeichnen. Beispiele sind
hier der französische Käse „Morbier", das „Filder-
kraut" (Spitzkohlsorte) und „Serrano-Schinken" oder

besondere traditionelle Spezialitäten wie die pol-
nischen Cabanossi-Würste. Für solche Spezialitäten
gibt es drei verschiedene EU-weit gültige Zeichen mit
unterschiedlichen Anforderungen. Aus Herstellersicht
kann der Schutz der Produktbezeichnung enorme wirtschaftliche Vorteile haben: Wird ein Lebensmittel im
Verzeichnis der Europäischen Kommission registriert,
so darf fortan kein Hersteller ein Produkt mit dieser
Bezeichnung in den Handel bringen, wenn er die festgelegten Vorgaben nicht einhält. Das schaltet mögliche
Konkurrenten aus und stärkt ländliche Regionen.

„geschützte Ursprungsbezeichnung" (g.U.)

Die höchsten Anforderungen gelten für das Siegel
„geschützte Ursprungsbezeichnung". Der Anspruch ist
eindeutig: Der Rohstoff stammt aus dem angegebenen
Gebiet und sämtliche Produktionsschritte erfolgen
ebenfalls dort. Dabei muss sogar ein Zusammenhang
zwischen dem Gebiet und den Eigenschaften des Produktes nachweisbar sein. Das Erzeugnis weist also
Merkmale auf, die auf das spezielle geografische Gebiet, zum Beispiel das Klima und die Vegetation, zurück-
zuführen sind oder mit den besonderen Fertigkeiten der
Erzeuger in der Herstellungsregion zusammenhängen.
Insofern wäre es theoretisch gar nicht möglich, die Produktqualität und die besonderen Eigenschaften in einer
beliebigen anderen Region zu erzielen.

Diese Auszeichnung muss für jedes einzelne Erzeugnis
auf EU-Ebene beantragt werden. Im Antrag wird genau
beschrieben, aus welchen Rohstoffen das Produkt
besteht, wo und wie es hergestellt wird und welche
Besonderheiten es aufweist.

Bei deutschen Produkten ist die „geschützte Ursprungsbezeichnung" bisher wenig verbreitet. Einige Mineralwässer tragen das Siegel, außerdem Allgäuer Emmentaler, Allgäuer Bergkäse, Altenburger Ziegenkäse, Odenwälder Frühstückskäse, Fleisch der Lüneburger Heidschnucke und einige andere Produkte.

Typische europäische Spezialitäten mit g. U.-Kennzeichnung sind beispielsweise der französische Käse „Roquefort", der italienische Wein „Chianti Classico" und der ebenfalls italienische Parma-Schinken.

Die Auszeichnung „geschützte Ursprungsbezeichnung" könnte ein klares Signal für europäische regionale Spezialitäten sein, gäbe es nicht noch zwei andere, leicht verwechselbare und zudem uneindeutige Zeichen ...

„geschützte geographische Angabe" (g. g. A.)

Das Zeichen **„geschützte geographische Angabe"** ist von der Aufmachung her kaum von dem Label „geschützte Ursprungsbezeichnung" zu unterscheiden, wenn man nicht beide Siegel direkt nebeneinander sieht. Im Kontakt mit Verbrauchern zeigt sich häufig, dass selbst Interessierte, die sich mit Angaben auf Lebensmitteln gut auskennen, nicht einmal bemerkt haben, dass es zwei Varianten gibt.

Die Voraussetzungen für die Verleihung dieser ähnlichen Siegel unterscheiden sich aber erheblich: Bei der Kennzeichnung „geschützte geographische Angabe" muss nur **mindestens eine der Produktionsstufen** – Erzeugung, Verarbeitung **oder** Herstellung – im genannten Gebiet stattfinden.

Paradebeispiel hierfür ist der „Schwarzwälder Schinken". Geräuchert wird der Schinken zwar im Schwarzwald, die Schweine müssen aber noch nicht einmal aus Deutschland kommen.

Weitere Beispiele für Produkte aus Deutschland mit diesem Geoschutz sind Hessischer Apfelwein, Halberstädter Würstchen, Hessischer Handkäs', Nieheimer Käse, Schwäbische Maultaschen, Thüringer Rostbratwurst und verschiedene Biere.

Wie bei Schwarzwälder Schinken stammen die Rohstoffe für die Lebensmittel meist aus anderen Regionen oder auch Ländern, ohne dass Sie auf dem Produkt einen Hinweis darauf finden müssen.

Kein Ursprungszeichen: „Garantiert traditionelle Spezialitäten" (g. t. S.)

Mit zwei täuschend ähnlichen Ursprungszeichen ist die Verwirrung aber noch nicht komplett. Die Europäische Union mutet ihren Verbrauchern noch ein drittes Zeichen zu: Dieses trifft überhaupt keine Aussage über den Ursprung des Produktes, unterscheidet sich aber dennoch optisch kaum von den anderen beiden.

Das Siegel „garantiert traditionelle Spezialität" steht für die traditionelle Zusammensetzung des Produkts oder ein traditionelles Herstellungs- und/oder Verarbeitungsverfahren. Woher die Rohstoffe kommen und wo es tatsächlich hergestellt wurde, spielt keine Rolle.

Ein typisches Beispiel ist der Serrano-Schinken. Die Anforderungen für das Gütezeichen betreffen nur noch die Qualität des Schweineschinkens als Ausgangsprodukt und beschreiben die Herstellung und das Endpro-

dukt. Werden diese Vorgaben eingehalten, kann der
traditionelle spanische Schinken auch in Deutschland
produziert werden.

Weitere Produkte dieser Kategorie sind beispielsweise
Mozzarella und der holländische Bauernkäse („Boe-
renkaas"). Deutsche traditionelle Spezialitäten mit
diesem Zeichen gibt es bisher nicht.

Hintergrund für die verwirrende Kennzeichnung (siehe
Kasten) sind wirtschaftliche Interessen. Das vorrangige
Ziel der EU-Qualitätszeichen ist nicht die Verbraucherinformation, sondern wirtschaftliche Interessen
wie die Absatzförderung. Aber auch die bleibt auf der
Strecke, denn Zeichen, die weitgehend unbekannt sind
und nicht verstanden werden, können kaum absatzför-
dernd wirken.

So ist aus Verbrauchersicht überhaupt nicht einzusehen, warum Konsumenten die minimalen Unterschiede
der Zeichen lernen sollen, anstatt eine klare, selbster-
klärende Kennzeichnung auf den Produkten vorzufin-
den.

Der Gesetzgeber könnte Transparenz schaffen, indem

- ... die Zeichen eindeutig voneinander zu unterscheiden wären und
- ... in unmittelbarer Nähe der Zeichen darauf hingewiesen würde, welche Beziehung zur Region
  besteht. Bei der geschützten Ursprungsbezeichnung
  hieße es dann beispielsweise „Milcherzeugung und
  Käseproduktion im Allgäu".

! **Achtung**

Können Sie diese beiden Zeichen nicht voneinander unterscheiden? Das wundert nicht! Selbst in Farbe und in deutscher Sprache beschriftet, kritisieren die Verbraucherzentralen die Verwechslungsgefahr. Und in Schwarz-Weiß mit fremdsprachlicher Bezeichnung können vermutlich die wenigsten Verbraucher mit diesen Zeichen etwas anfangen. Dieses Verwirrspiel ist aber ausdrücklich erlaubt: sowohl die Schwarz-Weiß-Darstellung als auch die Bezeichnung in einer anderen „Amtssprache der Europäischen Union".

⋮ **Gut zu wissen**

Alle EU-weit geschützten Produktbezeichnungen finden sich in der DOOR-Datenbank, die online für jeden zugänglich ist (http://ec.europa.eu/agriculture/quality/door/list.html). Wenn Sie sich für ein spezielles Lebensmittel interessieren, finden Sie dort alle Voraussetzungen, die dieses Produkt erfüllen muss. Leider ist das Recherchieren mühselig: Sie müssen die Bezeichnung des Produktes in der Landessprache wissen. Parma-Schinken finden Sie zum Beispiel, wenn sie „Parma" eingeben. „Schinken" und „Parma-Schinken" bringen keinen Treffer, weil das Produkt „Prosciutto di Parma" heißt. Daher finden Sie auch nicht so leicht heraus, welche anderen Schinken einen Geoschutz haben. Dennoch ist es lohnend, sich in die Recherchedetails zu vertiefen. Unter *Official Journal Publications* finden Sie in der Datenbank die gewünschten Informationen.

Aus der Region für die Region

Bisher ging es um Spezialitäten aus bestimmten geografischen Gebieten. Es gibt aber noch eine andere Gruppe von Lebensmitteln, die mit Ursprung und Herkunft werben. Das sind Produkte „aus der Heimat" oder „aus der Region". Kurze Transportwege, Umwelt- und Klimaschutz sowie Unterstützung der heimischen Landwirtschaft und Wirtschaft sind wichtige Argumente der Regionalvermarkter – und sicher sind das auch für Sie Gründe, wenn Sie zu regionalen Lebensmitteln greifen. Vielleicht erwarten Sie auch eine besondere Qualität der Produkte, wie zum Beispiel mehr Frische, eine artgerechte Tierhaltung oder den Verzicht auf den Einsatz von Gentechnik? Nicht zu unterschätzen ist vermutlich auch der emotionale Bezug zur Heimat: Obst, Gemüse, Milch und Fleisch vom „Bauern um die Ecke" sind vielen Käufern lieber als „anonyme" Produkte aus dem Supermarkt. Auch das Vertrauen, dass alles „mit rechten Dingen zugeht", ist gerade in Zeiten von Lebensmittelskandalen dann erfahrungsgemäß größer. Für die erwarteten oder beworbenen Vorzüge sind Verbraucher häufig auch bereit, höhere Preise zu zahlen.

Regionalmogelei

Regionalität ist wie viele der sogenannten Vertrauenseigenschaften (siehe Seite 44) für Verbraucher nicht am Produkt nachprüfbar. Und schlimmer noch: Es gibt bislang keinerlei rechtliche Regelung dafür, was sich „regional" nennen und mit der „Heimat" werben darf. So definieren Anbieter munter selbst, wie groß die „Region" ist, ob und welche Rohstoffe aus dem Gebiet stammen und ob die Herstellung dort erfolgt oder auch nur der Verkauf. Wir übertreiben nicht!

Im „Regionalmarkt" finden Sie viel „Überregionales":

- *Thüringer Land Buttermilch Dessert*: Am Identitätskennzeichen (siehe Seite 216) stellte ein Verbraucher fest, dass das Produkt zuletzt in Bayern verarbeitet wurde und meldete es bei lebensmittelklarheit.de. Der Hersteller gibt an, den Hauptanteil der „Thüringer Land"-Artikel im thüringischen Obermaßfeld aus Milch von Thüringer Erzeugern herzustellen. „Zur Sortimentsabrundung" würden verschiedene Milchprodukte aber auch in Franken produziert. Nicht anders sieht es bei der „Sachsenmilch" aus. Die lapidare Antwort des Herstellers: „Unser Selbstverständnis ist, ‚Eine Marke aus Sachsen' und nicht ‚Alle Rohstoffe aus Sachsen'". Na, dann ist ja wohl alles klar!

BY steht für Bayern;
Stand: 03/2012

Stand: 10/2011

- Die *Schwarzwaldcreme* der Firma „Schwarzwaldmilch" enthält zu einem Viertel griechischen Schafskäse – unvermutet, allerdings korrekt in der Zutenliste gekennzeichnet

■ *Sylter Salatfrische Topping*: Dies Produkt hat gar
nichts mit Sylt zu tun, sosehr sich die Firma auch
herauszureden versucht: „... die Verbraucher asso-
ziieren [...] Natürlichkeit, Hochwertigkeit, Qualität
und Exklusivität wie auf Sylt. Wer das Produkt kennt,
weiß: Das ist nicht zu viel versprochen."

Stand: 09/2011

Solche Kennzeichnungen sind nicht zu akzeptieren.
Gerade in diesem Bereich ist es für Verbraucherzen-
tralen aber schwierig, gegen Täuschung vorzugehen.
Denn wo es keine Rechtsgrundlage gibt und die
Werbeaussagen vage bleiben, fehlen konkrete An-
satzpunkte für eine Abmahnung oder Klage gegen die
Anbieter.

! Achtung

Mit einer ganzen Produktpalette zielt die Marke „Unser Norden" skrupellos auf die Gutgläubigkeit der Kunden. Online finden sich dazu Werbetexte wie: „Immer mehr Menschen bevorzugen Produkte aus ihrer Region – aus guten Gründen. Denn kurze, schnelle Transportwege schonen die Umwelt und die Ware bleibt frischer. Und das ist entscheidend für den Genuss." Langkorn-Spitzenreis, Kaffeebohnen und Orangensaft aus dem Norden? Dass viel mehr „Norden" in Knuspermüsli, Geflügelsalat und Kartoffelpüree steckt, ist dann auch stark zu bezweifeln.
In einer Stellungnahme behauptet die Firma Coop, die gesamte Wertschöpfungskette läge im Norden. Angesichts der Produktpalette kann hier etwas nicht stimmen.

Stand: 03/2013

Es geht auch anders

Erstaunlich, dass einige Anbieterfirmen so leichtfertig das Vertrauen der Verbraucher verspielen. Nicht nur die Käufer haben darunter zu leiden, sondern auch seriöse Betriebe, die tatsächlich Regional-Produkte anbieten – vom Rohstoff bis zur Vermarktung. Denn das berechtigte Misstrauen trifft zunächst einmal alle. Da ist es nicht einfach, sich mit echter Regional-Qualität wieder „frei zu schwimmen".

Es gibt aber auch klare, nachvollziehbare Regional-Kennzeichnungen – auch wenn sie noch Mangelware sind. Der *Original Emsländer Apfelkuchen*, beworben als „ein gutes Stück Heimat", gibt auf der Schauseite klar an, dass Äpfel, Eier aus Bodenhaltung, Mehl und Zucker aus Deutschland stammen und der Kuchen im Emsland gebacken wurde.

Stand: 01/2011

Auch hinter der H-Vollmilch *die Hessische* mit dem Länderzeichen „Geprüfte Qualität Hessen" stehen verbindliche, nachprüfbare Standards und eine unabhängige Kontrolle der Einhaltung. Auf der Milchpackung ist der Ursprung klar beschrieben.

Solche klaren Aussagen dürfen keine Ausnahme bleiben!

Auch die Bundesregierung stellte bereits fest, dass bei regionalen Lebensmitteln Transparenz und klare Regelungen fehlen. Das „Regionalfenster" soll Abhilfe schaffen.

Fair zum Erzeuger

Die hessischen Landwirte tragen mit Ihrer verantwortungsbewussten Wirtschaftsweise zur Erhaltung unserer heimischen Landschaft bei. Vor allem in Mittelgebirgslagen spielt die Milchviehhaltung eine bedeutende Rolle. Mit dem Kauf dieses Produktes tragen Sie dazu bei, dass die Bauern, die diese Milch erzeugen einen fairen Preis erhalten. Dadurch unterstützen Sie den Erhalt unserer Landwirtschaft und Kulturlandschaft.

Aus Hessen

Dieses Produkt gelangt über kürzeste Wege vom Bauernhof zur Molkerei. Die hessische Herkunft wird Ihnen durch das Qualitäts- und Herkunftszeichen "Geprüfte Qualität - HESSEN" garantiert.

Gesund und lecker

Um unseren Kalziumbedarf zu decken, sind Milch und ihre Produkte unschlagbar. Ein Glas Milch, ein Joghurt und eineinhalb Scheiben Käse decken bereits den Tagesbedarf eines Erwachsenen. Wichtig ist auch: Milch schmeckt und ist lecker!

Stand: 09/2011

[] Tipp

Wenn Ihnen „Region" oder „Heimat" versprochen wird, suchen Sie nach weiteren Informationen! Gibt das Produkt keinerlei Auskunft darüber, was unter Region verstanden wird, woher die Rohwaren stammen und wo die Produktion erfolgt, handelt es sich mit hoher Wahrscheinlichkeit um leere Worte. Seriöse Anbieter geben ihren Kunden eine klare Auskunft. Zahlen Sie keinen überteuerten Preis für ein Produkt in der Hoffnung, an den Versprechen könnte doch etwas Wahres sein: Nur wenn Kunden auf echte Regionalität mit klarer Kennzeichnung setzen, lohnt sich die Werbemasche für Trittbrettfahrer zukünftig nicht mehr.

Freiwillige Kennzeichnung „Regionalfenster"

„Wo regional drauf steht, muss auch regional drin sein", das forderte denn auch die ehemalige Bundesverbraucherministerin Aigner 2012 angesichts des Dschungels von Regionalzeichen der Anbieter.

Regional

✓ Schwein und Rind komplett aus Hessen

✓ geschlachtet, zerlegt in 36251 Bad Hersfeld

✓ Anteil regionaler Rohstoffe am Gesamtprodukt = **92%**

Neutral geprüft durch: Muster GmbH
www.regionalfenster.de

Regionalfenster auf einer Schinkenwurst Stand: 1/2014

Als deutsche Lösung und Orientierung für Verbraucher wurde daher im Auftrag der Bundesregierung das „Regionalfenster" entwickelt. Das freiwillige Informationsfeld auf Regionalprodukten gibt sowohl Auskunft über die Herkunft der eingesetzten landwirtschaftlichen Zutaten als auch über den Verarbeitungsort der Produkte. Anfang 2013 erprobte der eigens gegründete Trägerverein „Regionalfenster e. V." das Kennzeichnungsfeld in fünf Testregionen im Bundesgebiet in Supermärkten.

Die Verbraucherzentralen prüften während dieser Testphase anhand der Vergabekriterien und durch Stichproben, wie verbrauchergerecht und transparent die Kennzeichnung wirklich ist. Im Rahmen der folgenden Evaluierung des Modellprojekts griff der Trägerverein Kritikpunkte der Verbraucherschützer auf und verbesserte die Kennzeichnung in einigen Punkten.

Kennzeichnungskriterien

■ Wer die freiwillige Kennzeichnung „Regionalfenster" verwendet, muss garantieren, dass die erste Hauptzutat zu 100 Prozent aus der klar definierten Region kommt.
Neu: Auch die wertgebenden Bestandteile müssen zu 100 Prozent aus der bezeichneten Region stammen.

- Handelt es sich um ein zusammengesetztes Produkt und die Hauptzutat umfasst weniger als die Hälfte des Gesamtproduktgewichtes, so müssen auch die weiteren Zutaten zu 100 Prozent aus der genannten Region stammen, bis mindestens 51 Prozent des Gesamtgewichtes erreicht sind.
- Die Kennzeichnung des Ursprungs der Rohstoffe muss eindeutig und nachprüfbar erfolgen, beispielsweise muss der Landkreis, das Bundesland oder der Radius in Kilometern angegeben werden. Die Region kann kleiner als Deutschland sein, sie kann jedoch auch Staats- oder Ländergrenzen überschreiten (zum Beispiel Getreide aus der Eifel oder 100 Kilometer um Freiburg).
- Der Ort der Verarbeitung muss genannt werden. Die Herkunft der landwirtschaftlichen Vorstufen oder Betriebsmittel, wie Futtermittel oder Saatgut, kann angegeben werden.
Neu: Bei zusammengesetzten Produkten wird der Produktanteil aller regionalen Zutaten mit einer Prozentzahl angegeben.
- Die Angaben werden einmal jährlich in Form einer neutralen Prozesskontrolle überprüft. Der Trägerverein „Regionalfenster" vergibt die Überprüfung an neutrale Kontrollstellen.
Neu: Das beauftragte Zertifizierungsunternehmen, welches den Lizenznehmer überprüft hat, wird im Regionalfenster benannt.

Zu Kritik der Verbraucherzentralen an den Regionalkriterien hatte geführt, dass bei den zusammengesetzten Testprodukten nur mindestens 51 Prozent des Gesamtgewichtes aus der Region stammen müssen. Dieses Manko wurde nicht beseitigt. Als vorprogrammierte Verbrauchertäuschung hatten die Verbraucherschützer gewertet, dass der Anteil der regional beworbenen Zutaten am Gesamtgewicht ursprünglich erst in der Zutatenliste zu erkennen war. Für mehr Transparenz sorgt jetzt, dass Verbraucher direkt im Kennzeichnungsfeld erfahren, wie viel Prozent aller Zutaten aus der Region stammen. Allerdings sehen die Regeln vor, dass das Regionalfenster möglichst im Sichtfeld der Zutatenliste erscheint. Das bedeutet, dass es nicht immer auf der Vorderseite der Verpackung zu finden sein wird.

Verbesserungsbedürftig bleiben auch die Regelungen für Fleisch und Fleischprodukte: Die Tiere müssen nicht ab der Geburt in der definierten Region gelebt haben. Es genügt schon, dass sie vor der Schlachtung einen Teil der Mastzeit dort verbracht haben. Auch müssen – anders als Verbraucher erwarten könnten – keine regionalen Futtermittel verwendet werden.

Ob der Trägerverein zukünftig weitere Nachbesserungen in den Kennzeichnungskriterien vornimmt, bleibt abzuwarten.

Ab Anfang 2014 werden Produkte mit dem Regionalfenster bundesweit eingeführt.

Das fordern die Verbraucherzentralen

Aus Sicht der Verbraucherzentralen ist das Regionalfenster zwar ein erster Schritt in die richtige Richtung, es ersetzt aber keinen verbindlichen Rechtsrahmen für die Regionalwerbung. Lebensmittel, die in Zukunft das Regionalfenster tragen, können Verbrauchern die Suche nach Regionalprodukten erleichtern. Ein großes Manko ist jedoch die freiwillige Teilnahme an der Zertifizierung. So wird es auch weiterhin viele andere Produkte geben, die sich mit Regionallabeln und Siegeln schmücken. Besonders Produkte, die die Anforderungen an das Regionalfenster nicht erfüllen, werden Verbrauchern weiterhin Heimatbezug vorgaukeln.

Das fordern die Verbraucherzentralen

Auch fordern die Verbraucherzentralen, dass zusammengesetzte Lebensmittel zu mindestens 95 Prozent des Produktgewichtes aus regionaler Herkunft stammen sollten, wenn sie als Regionalprodukt beworben werden. Wer mit Begriffen wie „Region" oder „Heimat" werben will, sollte an gesetzliche Kennzeichnungsvorschriften gebunden sein. Nur so können der Wildwuchs an Regionalzeichen und das damit einhergehende hohe Irreführungspotenzial gestoppt werden.

Herkunft Fehlanzeige

Wo eine klare Herkunftskennzeichnung fehlt, versuchen viele Verbraucher, anhand von verschiedenen Kennzeichnungen auf den Herkunftsort oder das Ursprungsland zu schließen. Das ist wenig erfolgreich und ergibt nicht selten ein falsches Bild.

Firmenanschrift auf der Verpackung

Laut der Lebensmittel-Kennzeichnungsverordnung muss auf verpackten Lebensmitteln nicht zwangsläufig die Herstellerfirma angegeben sein. Auch der Verpacker oder der Verkäufer darf hier genannt werden. Es ist somit zulässig, dass zum Beispiel lediglich „hergestellt für Lidl" auf der Verpackung steht. Über den eigentlichen Hersteller erfährt der Käufer dann nichts.

Die auf Lebensmitteln angegebenen Firmenadressen sagen deshalb auch nichts über den Ursprung der Zutaten des Lebensmittels aus.

Identitätskennzeichen

Das Identitätskennzeichen ist auf den meisten tierischen Lebensmitteln zu finden. Es handelt sich dabei nicht um eine Verbraucherinformation, sondern dient der Rückverfolgbarkeit des Produktes, zum Beispiel für die Lebensmittelüberwachung.

Das Kennzeichen besteht aus einem Länderkürzel, zum Beispiel „DE" für Deutschland, einer Betriebsnummer, die sich aus einer Abkürzung des Bundeslandes, zum Beispiel „BY" für Bayern, und einer Zahlenkombination zusammensetzt. Darunter steht die Angabe „EG", weil es sich um einen Betrieb der Europäischen Gemeinschaft handelt.

Im Zeichen ist allerdings lediglich der Betrieb angegeben, der das Produkt zuletzt bearbeitet oder verpackt hat. So ist zum Beispiel auf der Milchverpackung nur das Kürzel des Bundeslandes zu erkennen, in dem die abfüllende Molkerei ihren Sitz hat. Es sagt nichts über das Ursprungsland, Bundesland oder den Ort aus, aus dem die Milch stammt.

Wenn Sie dennoch den Code des Identitätskennzeichens entziffern wollen, hilft die Website des Bundesamts für Verbraucherschutz und Lebensmittelsicherheit weiter (www.bvl.bund.de). Sie erklärt die Länderkürzel und Abkürzungen der Bundesländer und stellt eine Datenbank der Betriebsnummern zur Verfügung: **www.bvl.bund.de/bltu.**

Strichcode

Der maschinenlesbare Strichcode (auch Barcode genannt) mit dazugehöriger Zahlenkombination steht für eine Artikelnummer, die von Scannerkassen erkannt werden kann. Der Code enthält keine Informationen für Verbraucher.

Die ersten Ziffern sind zwar eine Länderkennzahl, eine Herkunftsangabe verbirgt sich jedoch nicht dahinter, denn eine Firma, die den Code beantragt, kann das Lebensmittel auch importiert oder in einem anderen Land produziert haben.

Zukunftsmusik

Durch die neue EU-Lebensmittelinformationsverordnung soll sich die Ursprungskennzeichnung verbessern. Wie für Rindfleisch soll ab dem 13.12.2014 auch für Schweine-, Schaf-, Ziegen- und Geflügelfleisch die Herkunftsangabe verpflichtend sein. Einzelheiten der Kennzeichnungen sind jedoch noch nicht festgelegt. Darüber hinaus ist noch eine Pflichtkennzeichnung der Herkunft angedacht für

- Milch, Milch als Zutat,
- unverarbeitete Lebensmittel,
- Erzeugnissen aus einer Zutat und
- Zutaten, die über 50 Prozent eines Lebensmittels ausmachen.

Die EU-Kommission soll in einem Bericht zunächst klären, wie praktikabel diese Kennzeichnungen sind. Erst danach wird über weitere Maßnahmen entschieden. Von welchen Lebensmitteln Sie künftig den Ursprung erfahren werden und wie aussagekräftig die Angaben sein werden, ist zurzeit noch unklar.

Das fordern die Verbraucherzentralen

Verbraucher, die wissen wollen, woher ein bestimmtes Lebensmittel stammt, stehen oftmals auf verlorenem Posten. Einige Rohwaren tragen verpflichtende Herkunftshinweise, bei verarbeiteten Lebensmitteln ist aber in der Regel Schluss mit der Transparenz. Produzenten werben mit Länder-Spezialitäten aus bestimmten Regionen der Europäischen Union, heimische Anbieter preisen regionale Lebensmittel an. Wie seriös die Herkunftsangaben und die Werbeversprechen im Einzelnen sind, bleibt vielen Käufern unklar – und die gesetzlichen Regelungen sind unzulänglich. Das zeigt auch eine aktuelle Studie aus dem Projekt Lebensmittelklarheit deutlich: Verbraucher haben sehr niedrige Erwartungen an Produkte mit Bezeichnungen von Orten und Regionen.

Unabhängig davon, ob eine Fantasiebezeichnung verwendet wird („Sylter Käse") oder ein europäischer Herkunftsschutz vorliegt wie bei „Allgäuer Emmentaler" (g. U.) und „Nürnberger Würstchen" (g. g. A.), erwarten sie meist nur noch, dass das Rezept ortstypisch ist. Weniger als die Hälfte der Befragten geht davon aus, dass sich der angegebene Ort oder die Region auf die Rohstoffe oder die Herstellung bezieht. Auffallend viele Verbraucher aber geben an, dass sie sich bei diesen Fragen unsicher fühlen. Solange eine klare Kennzeichnung fehlt, wird sich dieses Bild nicht ändern!

Hoffnung auf mehr Durchblick für Verbraucher machen die positiven Ansätze in der Europäischen Lebensmittelinformationsverordnung und das „Regionalfenster". Es bleibt abzuwarten, ob sie die gewünschte Klarheit bringen. Verbraucherzentralen fordern durchweg Pflichtkennzeichnungen – denn auf freiwilliger Basis kennzeichnen nur Unternehmen, denen Verbraucherinformation ohnehin wichtig ist. Die sogenannten schwarzen Schafe machen dagegen jedes Schlupfloch ausfindig, das die derzeitige Rechtslage bietet.

Der Natur auf der Spur

Während Sie die Güte von Rohwaren meist beurteilen können, lässt sich die Qualität **verarbeiteter Lebensmittel** vielfach schlecht einschätzen. Seit jeher kämpft darum die industrielle Lebensmittelverarbeitung gegen ein schlechtes Image. Mit zunehmender technologischer Verarbeitung und Zubereitung wächst das Misstrauen der Käufer: Viele **Produktionsmethoden, Zutaten** und **Zusatzstoffe** sind ihnen fremd oder suspekt, unterscheiden diese sich doch stark von der haushaltsüblichen Zubereitung. Zudem bleibt bei fertig verpackten Lebensmitteln meist unklar, wer das Produkt wo, wie und wann hergestellt hat.

Diesem Misstrauen begegnen Unternehmen, indem sie mit einer „traditionellen Herstellung" werben. „Nach Hausfrauenart" sollen die Produkte zubereitet sein. Sogar die Großmutter muss teilweise herhalten, um dem Produkt das Image des „Selbstgekochten und Naturreinen" zu geben. Dabei geht es aber öfter mal nicht mit rechten Dingen zu, denn teilweise sind darin Zutaten enthalten, die es in der guten alten Zeit noch gar nicht gab.

Seit einigen Jahren werben die Hersteller auch verstärkt damit, auf bestimmte Zutaten zu verzichten. Gemeint sind die von Verbraucher kritisch beäugten Zusatzstoffe wie **Geschmacksverstärker, Konservierungsstoffe** & Co. Die Werbeaussagen sind spitzfindig, sodass sie rechtlich kaum angreifbar sind. Sie werden von vielen Käufern aber falsch verstanden.

Tradition und Hausfrauenart

Begriffe wie „traditionell", „Hausrezept" oder „Hausfrauenart" sind rechtlich nicht geregelt. Trotzdem dürfen diese Hinweise keine leeren Werbeaussagen sein, denn im Lebensmittelrecht gilt das allgemeine Verbot der Täuschung.

Doch die Erfahrung zeigt, dass Hinweise auf eine traditionelle Herstellung Käufer hinters Licht führen. Das gilt zum Beispiel, wenn Verfahren und/oder Zutaten verwendet werden, die typisch für die heutige industrielle Lebensmittelproduktion sind und früher noch nicht zur Verfügung standen.

Heißt es in der Werbung „wie selbst gekocht" oder verweist der Hersteller auf Rezepte der Hausfrau oder Großmutter, dann sollten nur Zutaten verwendet werden, die bei der herkömmlichen Zubereitung am heimischen Herd üblich sind. Bestandteile wie Glukose-Fruktose-Sirup gehören gewiss nicht dazu – die meisten Zusatzstoffe sind erst recht nicht haushaltsüblich!

Wenn mit Jahreszahlen wie „seit 1870" oder Zeiträumen, zum Beispiel „100-jährige Tradition" geworben wird, muss klar sein, worauf sich diese beziehen. Geht es um die Existenz, das Alter des Unternehmens oder um die Rezeptur? Das müssen Sie als Kunde erkennen können!

Häufig läuft hier einiges schief, das spiegeln auch die Produkte wieder, die von Verbrauchern auf lebensmittelklarheit.de gemeldet werden:

- Die *Matjes-Mahlzeit* der Lysell GmbH soll „Sauce nach Hausfrauenart" enthalten. In der beworbenen Soße befinden sich aber die Verdickungsmittel Guarkernmehl und Xanthan, das Säuerungsmittel

Glucono-delta-lacton und Säureregulatoren. Würden Sie diese Zutaten zu Hause für eine Matjes-Soße verwenden? Das Unternehmen zeigt sich aber uneinsichtig: Die Aus-

Zarte Matjesfilets nach nordischer Art in delikatem Aufguss ohne Öl, mit Sauce nach Hausfrauenart & Extra-Pack Röstzwiebeln
Zutaten: Heringsfilets (Clupea harengus) (42%), pflanzliches Öl, Traubenzucker, Wasser, Zwiebeln, Sahne, Gurken, Invertzuckersirup, Branntweinessig, Speisesalz, Äpfel, Eigelb, Senf, Joghurtpulver, grüner Pfeffer, Konservierungsstoffe (Kaliumnitrat, Natriumbenzoat), Schnittlauch, rosa Beeren, Verdickungsmittel (Guarkernmehl, Xanthan), Zucker, Gewürze, Säuerungsmittel (Citronensäure, Glucono-delta-lacton), Dill, Hefeextrakt, Säureregulatoren (Natriumacetat, Natriumlactat). Beigabe: Röstzwiebeln (Zwiebeln, pflanzliches Öl, Weizenmehl (enthält Gluten), Speisesalz).

Stand: 06/2011

lobung „Sauce nach Hausfrauenart" solle nur eine „Geschmacksrichtung" beschreiben und nichts über die Verwendung oder Nicht-Verwendung von Zusatzstoffen aussagen.

- Der Kühne *Gurkentopf* wird „nach altem Hausrezept" hergestellt. Ein Siegel verspricht „Beste Zutaten seit 1722, mit Hingabe verfeinert". Laut Zutatenliste enthält das Produkt jedoch Glukose-Fruktose-Sirup, Süßstoff und natürliches Aroma. Der Süßstoff Saccharin gehört zu den Zusatzstoffen und wurde 1878 entdeckt. Er kann nicht Bestandteil einer Original-Rezeptur von 1722 sein. Finden Sie auch, dass Aroma und Glukose-Fruktose-Sirup nicht zu den üblichen Bestandteilen traditioneller Hausrezepte für Essiggurken gehören? Die Firma Kühne ist jedoch der Ansicht, dass „sich die industrielle Herstellung von eingelegten Gurken nicht wesentlich vom früher noch häufig praktizierten häuslichen Einmachen unterscheidet".

Zutaten: Gurken, Branntweinessig, Gewürze (enthalten Senfsaat), Salz, Glukose-Fruktose-Sirup, Zucker, natürliches Aroma, Süßstoff Saccharin.
Mindestens haltbar bis: siehe Deckel

Stand: 08/2011

- Auch das Unternehmen Schamel bewirbt seinen
Sahne-Meerrettich mild (Abbildung siehe Seite 122)
freimütig mit „Das Original seit 1864", obwohl dieser modifizierte Stärke und mehrere Zusatzstoffe,
darunter die Stabilisatoren Guarkernmehl und Xanthan, enthält. Die Werbung bezieht sich laut Hersteller auf das Gründungsjahr der Firma, nicht auf
die Zutaten. Hätten Sie's gewusst?

Stand: 08/2011

Sahne-Meerrettich Zutaten: Meerrettich, Pflanzenöl, Sahne (25%), Branntweinessig, Zucker, Milcheiweiß, Jodsalz, Säuerungsmittel Citronensäure und
Ascorbinsäure, Molkenerzeugnis, Stabilisatoren Guarkernmehl und Xanthan, modifizierte Stärke, Antioxidationsmittel Natriummetabisulfit, natürliches Aroma.

- „Oma's Backstube" bietet einen Rhabarber-Erdbeer-
Kuchen „nach traditionellem Rezept" mit modifi-
zierter Stärke, Glukosesirup, drei Verdickungsmit-
teln (Carrageen, Johannisbrotkernmehl, Xanthan),
natürlichem Aroma, Säureregulatoren und Karotte
als färbendes Lebensmittel. So buk oder backt Oma
garantiert nicht.

Stand: 01/2013

**Mürbeteigboden mit Rhabarber und Erdbeeren auf
leckerer Creme (24%), bedeckt mit goldgelben
Butterstreuseln (14%) und Tortenguss abgeglänzt.
Tiefgefroren.**
Zutaten: *Rhabarber (23%), Weizenmehl, Wasser, Zucker,
Erdbeeren (7%), Sahne (4%), Vollei, Butter (3%), pflanzliches Fett,
pflanzliches Öl, Fruktose, Joghurt, Weizenstärke, modifizierte
Stärke, Süßmolkenpulver, Glukosesirup, Magermilchpulver,
Speisesalz, Backtriebmittel (Diphosphate, Natriumcarbonate),
Verdickungsmittel (Carrageen, Johannisbrotkernmehl, Xanthan),
Geliermittel Pektine, natürliches Aroma, Milcheiweiß,
Säureregulatoren (Natriumcitrate, Kaliumcitrate),
Säuerungsmittel Citronensäure, färbendes Lebensmittel: Karotte.*

„Ohne Zusatzstoffe"

Eine andere Werbemasche sind **Clean Label** – saubere Etiketten –, die verarbeiteten Produkten ein natürliches Image verleihen sollen. „Ohne Konservierungsstoffe", „ohne Zusatzstoff Geschmacksverstärker", „ohne Farbstoffe", „ohne Aromastoffe" – diese unerwünschten Inhaltsstoffe sind laut Label oder Werbung „garantiert" nicht enthalten.

Doch die mit freiwilligen Verzichtserklärungen gekennzeichneten Produkte sind oft längst nicht so „sauber" und ursprünglich, wie die Anbieter dies suggerieren.

Eigentlich wollen Hersteller auf die Wirkung der Zusatzstoffe nicht verzichten und suchen deshalb Zutaten, die einen ähnlichen Effekt im Produkt erzielen. Oft sind in den Zutaten sogar exakt dieselben Substanzen enthalten, die in isolierter Form als Zusatzstoffe gelten – ohne dass die Zutaten als Zusatzstoffe gekennzeichnet werden müssen. Das Paradebeispiel hierfür ist der geschmacksverstärkend wirkende, glutamathaltige Hefeextrakt.

„Ohne den Zusatzstoff Geschmacksverstärker"

Diese Werbeaussage spricht beispielsweise Kunden an, die auf Geschmacksverstärker verzichten wollen, insbesondere auf Glutamat. Geschmacksverstärker sind Zusatzstoffe, die den Geschmack und/oder den Geruch eines Lebensmittels verstärken. Die bekanntesten sind die Salze der Glutaminsäure mit den E-Nummern E 620 bis E 625. Sie sind zum Beispiel als „Geschmacksverstärker Natriumglutamat" (= E 621) in der Zutatenliste zu finden.

Zahlreiche Produkte, die laut Werbung ohne diesen Zusatzstoff auskommen, enthalten aber dennoch Glutamat: Es versteckt sich geschickt in anderen Zutaten, insbesondere im Hefeextrakt, aber auch in Sojasoße oder Würze, und muss dann nicht namentlich als Zusatzstoff in der Zutatenliste angegeben werden.

Hefeextrakt enthält beispielsweise zwischen etwa 2 und 3,3 Prozent freies Glutamat und zusätzlich andere Eiweißbausteine wie Guanylat oder Inosinat, die ebenfalls geschmacksverstärkend wirken. Trotzdem zählt Hefeextrakt rechtlich nicht als Zusatzstoff, sondern als „normale" Zutat.

Ob im Endeffekt in Produkten, die mit Hefeextrakt

hergestellt werden, weniger Glutamat steckt als in solchen mit Geschmacksverstärker, bleibt ungewiss.

Auch Aromen zählen lebensmittelrechtlich nicht zu den Geschmacksverstärkern, denn sie *erzielen* einen eigenen Geschmack, statt einen bestehenden Geschmack zu *verstärken*.

Stand: 10/2011

Diese Tatsachen nutzen Produzenten ungeniert aus:
In Lebensmitteln „ohne Zusatzstoff Geschmacksverstärker" sorgen häufig Aromen für den Geschmack.

Verbraucher verstehen die „Ohne XY"-Werbung auf
den Etiketten aber anders. In einer Studie, die begleitend zum Projekt „lebensmittelklarheit.de" durchgeführt wurde, geben zwei Drittel der Befragten an, bei
einem Produkt mit dem Label „frei von Geschmacksverstärkern" keine Aromen zu erwarten. Etwa 50 Prozent schließen daraus, dass weder Hefeextrakt noch
Sojasoße enthalten sind.

So sollte es auch sein! Die Verbraucherzentralen meinen,
diese Werbung muss für Produkte reserviert sein, die
weder glutamatreiche Zutaten noch Aromen enthalten.

Gut zu wissen

Zusatzstoffe werden – anders als die „normalen"
Zutaten eines Lebensmittels – eingesetzt, um zum
Beispiel ein Lebensmittel haltbar zu machen, einzu-
dicken oder zu färben. Im Unterschied zu den übrigen
Zutaten müssen Zusatzstoffe ein Zulassungsverfahren
durchlaufen. Bei der Zulassung erhalten die Substanzen eine europaweit einheitliche E-Nummer – „E" steht
für Europa.
Die in einem Lebensmittel eingesetzten Zusatzstoffe
müssen in der Zutatenliste aufgeführt sein. Dabei
wird der „Klassenname" vorangestellt, der die Art der
Wirkung angibt, zum Beispiel „Farbstoff", „Konservierungsstoff", „Verdickungsmittel", „Säuerungsmittel"
oder „Geschmacksverstärker". Weiterhin ist entweder
die Substanzbezeichnung oder die E-Nummer anzugeben. Korrekt wäre also sowohl die Angabe „Konservierungsmittel E 210" als auch „Konservierungsmittel
Benzoesäure". Ein Erkennungsmerkmal ist somit die
Klassenbezeichnung. Die E-Nummer muss dagegen
nicht genannt sein.

Andere Clean Label

Auch bei anderen Clean Label sieht die Wahrheit häufig nicht so aus, wie Käufer vermuten:

„Ohne Konservierungsstoffe"

Wenn „ohne Konservierungsstoffe" auf dem Etikett steht, heißt das nicht, dass das Produkt keine Stoffe mit konservierender Wirkung enthält. Andere Zusatzstoffe verlängern ebenfalls die Haltbarkeit, zum Beispiel Antioxidationsmittel und Säuerungsmittel. Auch Zutaten wie Gewürz- oder Fruchtextrakte können konservierend wirken.

Stand: 10/2011

> **! Achtung**
>
> *Coraya Fish & Dip* bietet Surimi-Sticks zusammen mit
> einer *Cocktail-Sauce* zum Dippen an.
> Die Vorderseite wirbt: „Surimi-Sticks ohne Konservie-
> rungsstoffe, Geschmacksverstärker, künstliche Farb-
> stoffe". Die Zutatenliste zeigte zum Zeitpunkt einer Ver-
> braucherbeschwerde jedoch, dass hier jedes Wort auf
> die Goldwaage zu legen war. Auf die Surimi-Sticks traf
> die Werbung zu, nicht aber auf die Cocktail-Sauce. Sie
> wurde laut Zutatenliste mit Konservierungsstoff E 202
> (Sorbinsäure) haltbar gemacht. Eine entsprechende
> Klage der Verbraucherzentrale Sachsen war erfolglos.
> Das Oberlandesgericht Frankfurt war der Ansicht, aus
> der Aufmachung des Produktes würde deutlich, dass
> sich die Angabe „ohne Konservierungsstoffe" auf die
> Surimi-Sticks, nicht auf die Sauce bezieht. Aus Sicht
> der Verbraucherzentrale springt das Clean Label jedoch
> beim Einkauf direkt ins Auge und wird auf den gesamt-
> en Inhalt bezogen. Unabhängig von dem Gerichtsurteil
> hat die Firma das Produkt mittlerweile verändert: In-
> zwischen enthalten weder Surimi-Sticks noch Cocktail-
> Sauce Konservierungsmittel.

„Ohne künstliche Farbstoffe"

Lebensmittel „ohne künstliche Farbstoffe" sind dennoch oft gefärbt. Dafür sorgen Konzentrate oder Pulver
aus Obst und Gemüse, denn diese gelten lebensmittelrechtlich nicht als Farbstoffe. Auf ihre färbenden Eigenschaften wird häufig nicht hingewiesen.

Ein derart optisch aufgepepptes Lebensmittel kann
eine höhere Qualität vortäuschen. So kann beispielsweise Karottensaft im Aprikosenjoghurt durch die

Gelbfärbung einen höheren Aprikosengehalt vermitteln oder grün färbendes Algenpulver bei Wasabi-Erdnüssen einen höheren Anteil des japanischen Meerrettichs.

Damit rechnen Verbraucher nicht. Steht auf dem Joghurt „ohne Farbstoffe", so erwarten laut einer Studie des Projektes lebensmittelklarheit.de 60 Prozent der Befragten, dass die Farbe ausschließlich aus den enthaltenen Früchten stammt. Etwa der gleiche Anteil der Teilnehmer geht davon aus, dass keine färbenden Lebensmittel enthalten sind.

„Ohne künstliche Aromen"

Auch der Hinweis „ohne künstliche Aromen" kann verwirren, denn häufig zeigt die Zutatenliste, dass dennoch Aromen zugesetzt wurden. Diese gelten laut Gesetz zwar als „natürlich", sie werden aber trotzdem im Labor hergestellt. „Natürliche Aromen" müssen aus einem natürlichen Rohstoff stammen, aber nicht zwangsläufig aus einem Lebensmittel. Sie dürfen aus pflanzlichen und tierischen Ausgangsstoffen, wie Holzbestandteilen sowie aus Mikroorganismen (zum Beispiel Schimmelpilzen) gewonnen werden. Auch gentechnologische Verfahren können zum Einsatz kommen (siehe auch Seite 133 „natürlich").

Wichtig: Nur wenn die Zutatenliste keine Aromen ausweist, stammt der Geschmack vollständig aus den verwendeten Lebensmitteln.

Ökolebensmittel

Im Gegensatz zu vielen anderen Siegeln und Werbeaussagen ist die Biokennzeichnung rechtsverbindlich und europaweit einheitlich geregelt.

Alle Lebensmittel, die als „Bio" oder „Öko" bezeichnet werden, müssen den Vorschriften der EG-Öko-Verordnung entsprechen. Sie enthält Vorgaben zu den folgenden Schwerpunkten des ökologischen Landbaus und der Weiterverarbeitung von Ökoprodukten:

■ Verzicht auf chemisch-synthetische Pflanzenschutz- und Düngemittel,
■ vielfältige Fruchtfolgen, also regelmäßig wechselnde Nutzpflanzenarten auf einem Feld,
■ Erhalt bzw. Steigerung der Bodenfruchtbarkeit,
■ ausgewogene Nährstoffkreisläufe durch flächengebundene Tierhaltung – pro Hektar landwirtschaftlich genutzter Fläche ist eine bestimmte Anzahl von Tieren erlaubt,
■ tiergerechte Haltung mit Auslaufmöglichkeiten,
■ Erhaltung der Tiergesundheit vor allem durch Förderung der natürlichen Widerstandskraft,
■ Verbot der Verwendung von Gentechnik,
■ nachhaltige Bewirtschaftung, um für zukünftige Generationen fruchtbare Böden zu erhalten,
■ Verbot der Lebensmittelbestrahlung,
■ Verwendung nur weniger Zusatz- und Verarbeitungshilfsstoffe.

Das europaweit einheitliche EU-Bio-Logo muss auf jedem ökologisch erzeugten Lebensmittel stehen.

Unterhalb des EU-Bio-Logos ist die Codenummer der zuständigen Kontrollstelle zu finden. Diese beginnt mit dem Kürzel des Mitgliedsstaates. Daran schließt sich das Wort „bio" oder „öko" in der jeweiligen Landessprache sowie die Referenznummer der Kontrollstelle an. Beispiel für Deutschland: DE-Öko-001.

Außerdem muss der Ursprung des Produktes genannt sein: Entweder das Ursprungsland oder durch die Kennzeichnung „EU-Landwirtschaft", „Nicht-EU-Landwirtschaft" oder „EU-/Nicht-EU-Landwirtschaft" (siehe Seite 97).

Zusätzlich zu dieser EU-Bio-Kennzeichnung dürfen Produkte die Siegel der Anbauverbände, zum Beispiel das Demeter- oder Bioland-Siegel, das deutsche Bio-Siegel oder eigene Biozeichen der Handelsmarken tragen. Mit diesen Kennzeichnungen können höhere Anforderungen verbunden sein. Beispielsweise sind in Demeter- und Bioland-Produkten deutlich weniger Zusatzstoffe erlaubt als nach der EG-Öko-Verordnung. Alle Produkte, die mit „Bio" werben, müssen aber mindestens die Bio-Kriterien des EU-weiten Rechtsrahmens erfüllen.

[] Tipp

Die Bezeichnungen „Öko", „Bio", „biologisch", „ökologisch" oder „aus kontrolliert ökologischem/biologischem Anbau" sind rechtlich geschützt.
Daneben gibt es ähnlich lautende Formulierungen auf konventionellen Produkten, die den Eindruck erwecken, es handle sich um Bioware. So sind etwa Bezeichnungen wie „ungespritzt", „unbehandelt", „naturnah", „alternativ" oder „aus kontrolliertem Anbau" keine Garantie für Ökoqualität.
Echte Bioqualität erkennen Sie am einfachsten am EU-Bio-Logo und der Codenummer der zuständigen Kontrollstelle. Fehlt diese Kennzeichnung, so hat der Hersteller oftmals selbst festgelegt, was er unter „naturnah" und ähnlichen Angaben versteht.

„Bio" – aber mit Zusatzstoffen

Biolebensmittel sind nicht zwangläufig frei von Zusatzstoffen. Zwar sind deutlich weniger Substanzen zugelassen – 48 statt über 300 bei konventionellen Lebensmitteln. Aber viele Erzeugnisse, zum Beispiel Fertigprodukte, lassen sich auch im Biobereich nicht ohne Zusatzstoffe herstellen. Geschmacksverstärker sind jedoch beispielsweise verboten. Außerdem dürfen Zusatzstoffe nicht aus gentechnischer Herstellung stammen.

„Bio" heißt nicht automatisch gesund

Mittlerweile gibt es viele hoch verarbeitete Lebensmittel auch in Bioqualität, zum Beispiel Fertiggerichte, Trockensuppen und -soßen, Gummibärchen und andere Süßwaren. Auch wenn die Zutaten ökologisch produziert wurden, können die Lebensmittel beispielsweise fett- oder zuckerreich sein oder viel Salz enthalten.

Die Zutatenliste und – falls vorhanden – die Nährwertkennzeichnung zu lesen, lohnt sich deshalb bei Ökolebensmittel genauso wie bei konventionellen.

Bio-Mineralwasser – per Gerichtsurteil zulässige Verbrauchertäuschung!

„Wo Bio drauf steht, ist auch Bio drin" – mit dieser eindeutigen Botschaft warb vor über zehn Jahren die damalige Bundesverbraucherschutzministerin Renate Künast für das deutsche Bio-Siegel. Die Bezeichnungen „Bio" und „Öko" sind rechtlich geschützt und geben eine Garantie.

Stand: 05/2013

Da sich die Ökokennzeichnung auf landwirtschaftliche Erzeugnisse bezieht und Wasser kein landwirtschaftliches Erzeugnis ist, wäre die logische Konsequenz, dass Wasser nicht als „Bio" beworben werden darf.

Nun hat ein besonders findiger Hersteller aber ein eigenes Biosiegel für Mineralwasser kreiert und die Vergabekriterien dafür festgelegt. Diese umfassen vor allem strengere Grenzwerte für Schadstoffe als sie rechtlich für Mineralwasser bestehen. Tatsächlich müssen aber **alle Mineralwässer** „ursprünglich rein" sein, das verlangt die Mineral- und Tafelwasserverordnung. Alle Inhaltsstoffe müssen natürlichen Ursprungs sein und dürfen daher beispielsweise nicht durch Umweltverschmutzung in das Wasser gelangt sein.

Der Bundesgerichtshof urteilte hier jedoch: Nur weil es Biokriterien für Mineralwasser nicht gebe, hieße das nicht, dass das Wörtchen Bio nicht verwendet werden dürfe. Die Bezeichnung „Bio-Mineralwasser" ist somit grundsätzlich zulässig.

Interessanterweise ist der Bundesgerichtshof der Ansicht, ein Kunde erwarte nicht, dass die Verwendung der Bezeichnung „Bio" bei Mineralwasser gesetzlichen Vorgaben unterliege. Genau dafür warb aber nicht nur Frau Künast – auch die Verbraucherzentralen vermitteln seit Jahren die „Bio-Garantie".

Diese Garantie wird durch das Gerichtsurteil buchstäblich verwässert. Wenn weitere Mineralwasserhersteller nachziehen, kann es zukünftig zudem viele firmeneigene Biosiegel auf Wasser geben, deren Kriterien nach Gutdünken festgelegt werden.

„Natürlich"

„Natur" oder „natürlich" sind Werbebotschaften, die sicher bei den meisten Verbrauchern gut ankommen. Auf Lebensmitteln können sie alles bedeuten. Frischkäse „natur" hat lediglich keine besondere Geschmacksrichtung. Oft stehen Begriffe wie „natürlich" in Zusammenhang mit einem Clean Label (siehe Seite 122, 214) und vermitteln, dass bestimmte Zusatzstoffe nicht vorhanden sind. Vielfach ist die Bedeutung aber auch völlig unklar, zum Beispiel „Natural" auf geschwefelten Aprikosen oder der Name „Nature Addicts" für ein stark verarbeitetes Produkt aus Fruchtsaft und Fruchtmus mit Geliermittel und Aroma.

Bild links: geschwefelte Aprikosen mit Werbung „Nature": Stand: 01/2013, „Nature Addicts" mit Aromen und Zusatzstoff in der Zutatenliste; Stand: 10/2011

ZUTATEN : Apfelsaft konzentriert (52%), Apfelmus konzentriert (39%), Himbeermus konzentriert (5%), Holunder-Beerensaft konzentriert, Zitrusfasern, Geliermittel: Pektin, natürliches Himbeer-Aroma.

Rechtlich geregelt ist die Bezeichnung „natürlich" lediglich im Zusammenhang mit Aromen. „Natürliche Aromen" müssen von einem natürlichen Rohstoff stammen. Das kann jedoch auch Holz sein. Die Verfahren sind dagegen nicht unbedingt als „natürlich" zu betrachten – sogar Gentechnik ist erlaubt.

Gut zu wissen

Mehr Labor als Natur
Aromen können unterschiedlichen Ursprungs sein.
Was ist was in der Zutatenliste:

Aroma: Wenn lediglich „Aroma" dort steht, können Sie
davon ausgehen, dass dieses im Labor chemisch hergestellt (synthetisiert) wurde. Die frühere Bezeichnung
„künstliches Aroma" für Substanzen, die in der Natur
nicht vorkommen, wurde abgeschafft.

Natürliches Aroma, natürlicher Aromastoff: Diese
Aromen müssen aus einem natürlichen Rohstoff
stammen, aber nicht zwangsläufig aus einem Lebensmittel. Sie dürfen aus pflanzlichen und tierischen
Ausgangsstoffen sowie aus Mikroorganismen wie
Schimmelpilzen gewonnen werden. Möglich ist auch
die Herstellung mit Hilfe gentechnologischer Verfahren. Den Aromastoff Vanillin, der nach Vanille schmeckt und in der Vanilleschote vorkommt, gewinnt man
zum Beispiel aus Lignin, einem Holzstoff, der bei der
Papierherstellung anfällt.

Natürliches Vanillearoma: Wird bei einem natürlichen
Aroma ein Lebensmittel explizit genannt, so muss das
Aroma zu mindestens 95 Prozent aus dem angege-
benen Lebensmittel – hier aus der Vanille – stammen.
Die verbleibenden 5 Prozent anderer Ausgangsstoffe
können beispielsweise natürliche Schwankungen im
Aroma oder Aromaverluste ausgleichen oder dem
Aroma eine besondere Note verleihen.

[] Tipp

Lebensmittel im Supermarktregal stammen in der Regel nicht aus der Naturidylle oder aus Omas Kochtopf. Lassen Sie sich durch Werbeaussagen wie „traditionell", „altes Hausrezept", „ohne Zusatzstoffe" und „Natur" nicht einlullen.
Rechtlich geregelt ist nur die Öko-Kennzeichnung. In allen anderen Fällen legt der Hersteller fest, was er unter der jeweiligen Werbeaussage versteht. Halten Sie sich an die „altbewährten" Informationsquellen – Zutatenliste und Nährwertkennzeichnung, wenn Sie die Produktqualität einschätzen wollen.

„Alles gesünder?" Werbung mit Nährwert und Gesundheit

„Unterstützt das Immunsystem", „das Plus an Vitamin D", „mit Antioxidantien A, C und E". Die Food-Branche verleiht ihren Produkten gerne ein gesundes Image und einen vermeintlichen Zusatznutzen. Wer greift nicht gerne zu, wenn die Werbung verspricht, dass das Lebensmittel nicht nur gut schmeckt, sondern auch reich an besonderen Nährstoffen ist, gleichzeitig die Gesundheit fördert oder für Vitalität sorgt? Etwa jeder zweite Mensch hierzulande kauft oder verwendet mehrmals im Monat Lebensmittel, die einen wirklichen oder angeblichen gesundheitlichen Zusatznutzen liefern. Zwei Drittel der Bevölkerung sind bereit, dafür auch mehr zu zahlen. Deshalb tauchen gesundheits- und nährwertbezogene Angaben der Hersteller in allen

Produktbereichen, von Getränken über Milchprodukte
bis hin zu Süßwaren, auf.

Dass Nährstoffe wie Vitamine und Mineralstoffe le-
benswichtige Funktionen haben, ist eine weithin bekannte Botschaft – auf die Käuferinnen und Käufer gerne anspringen. Zunehmend halten auch „exotische"
pflanzliche Substanzen mit wohlklingenden Namen
wie Baobab, Macca, Schisandra und Goji Einzug in die
meist stark verarbeiteten Produkte mit langen Zutatenlisten. Die versprochenen Wirkungen solcher Produkte
sind oft höchst zweifelhaft.

Das einfache Marketingrezept könnte so lauten: Man
nehme einen Mix aus Vitaminen, Mineralstoffen und
exotisch anmutenden Substanzen, gebe alles – teils in
homöopathischen Mengen – in ein stark verarbeitetes
Fertigprodukt, ganz gleich, ob dabei viel Zucker, Fett,
Salz, Zusatzstoffe und Aromen zum Einsatz kommen.
Zum Schluss bewerbe man das Produkt auf der Verpackung und in den Medien in Wort und Bild mit der
„Extraportion Gesundheit, Schlankheit, Fitness, Well-
ness". Fertig!

Gegen solche Werbemethoden vorzugehen, war für
die Verbraucherzentralen in der Vergangenheit oftmals
sehr schwierig. Sie mussten dem Hersteller zunächst
beweisen, dass die ausgelobte Wirkung nicht nachge-
wiesen ist. Wie ein wissenschaftlicher Nachweis auszu-
sehen hat, war aber gesetzlich nicht festgelegt.

Stand: 03/2013

! Achtung

Der Hersteller Ehrmann bewarb seinen Fruchtquark
Monster Backe in einer extra bunt und kindgerecht aufge-
machten Verpackung mit dem Slogan „Früchte-Quark –
So wichtig wie das tägliche Glas Milch" (siehe Abbildung
unten links). Die Zentrale zur Bekämpfung des unlauteren
Wettbewerbs e. V. klagte gegen das Unternehmen, weil
sie die Werbung für das gezuckerte Produkt für irrefüh-
rend hielt.
Gerechtfertigt, wie ein Blick auf die Zutatenliste zeigt: Der
„Kinderquark" enthält reichlich Zucker, drei verschiedene
Verdickungsmittel und modifizierte Stärke. Färbende
Lebensmittel und Aromen vertuschen, dass bloß sechs
Prozent Frucht darin stecken. Schon eine kleine Portion
gesunder Menschenverstand reicht, um festzustellen:
Dieses Fertig-Dessert reicht nun wahrlich nicht an Frisch-
milch heran! Die rechtliche Bewertung fällt aber offen-
sichtlich schwerer.
Das Landgericht Stuttgart argumentierte, Verbraucher
würden durch die Aussage nicht irregeführt, da sie das
Produkt nur als Ergänzung zu Milch begreifen würden. Zur
Information über die Zusammensetzung könne man das
Zutatenverzeichnis lesen, aus dem sich der Zuckeranteil
ergebe. Das Oberlandesgericht Stuttgart sah das anders:
Es beurteilte den Monster Backe-Spruch durchaus als
irreführend. Der Bundesgerichtshof (BGH) wiederum
sah eher keine Irreführung, aber Klärungsbedarf bei der
Anwendung und Auslegung der relevanten EU-Rechte.
Er gab den Fall aber zur Prüfung an den Europäischen
Gerichtshof weiter.
Und die Firma Ehrmann? Sie verkaufte *Monster Backe*
samt Slogan in den vergangenen Jahren munter weiter.
Statt um gesunde Kinderernährung ging es wohl eher um
volle Kassen. Erst seit Mitte 2013 hat der Hersteller den
Werbespruch endlich freiwillig vom süßen Quark verschwinden lassen – vielleicht auch um einer möglichen
gerichtlichen Niederlage zuvorzukommen.

Die EU rief 2006 die Verordnung über nährwert- und gesundheitsbezogene Angaben (Health-Claims-Verordnung) ins Leben,

- um die Flut von **Gesundheitsversprechen (Health Claims)** der Hersteller einzudämmen,
- um Verbraucher besser vor täuschender Gesundheitswerbung zu schützen und
- um die Beurteilung dieser Angaben zu vereinfachen.

Seit Jahren wird die Verordnung immer weiter vervollständigt, doch noch immer fehlen wichtige Bestandteile. Das macht ihre Anwendung schwierig. Immerhin: Lebensmittel müssen bestehende Vorgaben der Health-Claims-Verordnung bereits erfüllen, wenn Hersteller mit solchen Aussagen werben.

Grundsatz der Verordnung ist, dass alle Angaben zum Nährwert und zur Gesundheit wahr sein und den wissenschaftlichen Erkenntnissen entsprechen müssen. Neu dabei ist der Ansatz, dass alles verboten ist, was nicht ausdrücklich erlaubt ist. Die Werbemöglichkeiten beschränken sich zukünftig auf diejenigen Aussagen, die von der Europäischen Behörde für Lebensmittelsicherheit (EFSA) als ausreichend wissenschaftlich belegt eingestuft und von der EU-Kommission zugelassen wurden. Bei dieser Prüfung legt die EFSA hohe Maßstäbe an, an denen schon viele Health Claims der Anbieter gescheitert sind. Leider geht die Arbeit nur langsam voran und ein Ende der Bewertungen ist noch nicht abzusehen. Eine vollständige und verbindliche Liste gibt es bisher nur für die nährwertbezogenen Angaben.

Nährwertbezogene Angaben

Die Werbung „mit hohem Kalzium-Gehalt" ist ein typisches Beispiel für eine nährwertbezogene Angabe, aber auch schon die Bezeichnungen „Multi-Vitamin" und „ACE" gehören dazu. Die EU-Regelungen sollen sicherstellen, dass die beworbenen Nährstoffe tatsächlich in einer **wirksamen** Menge enthalten sind. Und wenn mit einer verringerten Menge an kritischen Nährstoffen wie Fett oder Zucker oder mit einem reduzierten Kaloriengehalt geworben wird, soll dies ebenfalls den Tatsachen entsprechen. Dabei staffeln sich die möglichen Angaben zum Beispiel von „Vitamin-C-Quelle" bis „erhöhter Vitamin-C-Gehalt" oder von „kalorienreduziert" über „kalorienarm" zu „kalorienfrei". Und welcher Verbraucher versteht bei diesen vielen, gesetzlich abgesegneten Varianten zur Nährstoffangaben wirklich noch, was damit gemeint ist?

Viele Anfragen an die Verbraucherzentralen betreffen die **„frei"-Angaben** wie „zuckerfrei" oder „fettfrei". Den Begriff „frei" nehmen viele Käufer wörtlich und sind überrascht, wenn der Nährstoff laut Nährwertkennzeichnung – wenn auch in geringer Menge – trotzdem enthalten ist.

Folgende „frei"-Claims sind gesetzlich festgelegt:

- „Energiefrei"/„kalorienfrei": Das Produkt enthält nicht mehr als 4 Kilokalorien (17 kJ) je 100 Milliliter (diese Voraussetzung können nur Flüssigkeiten erfüllen).
- „Fettfrei"/„ohne Fett": Das Produkt enthält nicht mehr als 0,5 Gramm Fett pro 100 Gramm oder 100 Milliliter.

■ „Frei von gesättigten Fettsäuren": Die Summe der
gesättigten Fettsäuren und der Trans-Fettsäuren darf
0,1 Gramm pro 100 Gramm oder 100 Milliliter nicht
übersteigen.

■ „Zuckerfrei": Das Produkt enthält nicht mehr als 0,5
Gramm Zucker pro 100 Gramm oder 100 Milliliter.

■ „Natriumfrei"/„kochsalzfrei": Das Produkt enthält
nicht mehr als 0,005 g Natrium oder den gleichwer-
tigen Gehalt an Salz pro 100 Gramm.

Auch andere Angaben führen zu Missverständnissen.
Ein Verbraucher, der die Angabe **„Ballaststoff-Quelle"**
auf der Verpackung eines Toastbrots aus Auszugs-
mehl gefunden hatte, meinte einer unzulässigen
Werbeaussage auf die Schliche gekommen zu sein.
Doch die Kennzeichnungsregeln sind hier lasch: Schon
bei einem Ballaststoffgehalt von drei Gramm pro 100
Gramm festem Lebensmittel ist die Aussage rechtlich
in Ordnung. Damit trifft sie auf nahezu jedes Brot und
Brötchen zu, denn auch helles Mehl (Type 405) hat im
Durchschnitt bereits einen Ballaststoffgehalt von vier
Prozent. Sogar Butterkekse, Erdnussflips und Nuss-
schokolade könnten sich so als „Ballaststoff-Quelle"
rühmen – und das ist nicht im Sinne einer gesund-
heitsfördernden Ernährung.

❗ Achtung

Zum Teil fehlen für die „frei von"-Werbung auch klare
Kennzeichnungsvorschriften. Solche Lücken nutzen
einige Hersteller gerne gewinnbringend aus. Ein typisches Beispiel sind die laktosefreien Produkte.
Fast jeder Siebte hierzulande wird von einer Milchzu-
ckerunverträglichkeit (Laktoseintoleranz) geplagt. Und
so wächst und gedeiht nicht zufällig das Sortiment
laktosefreier Spezialprodukte. Deren Hersteller suggerieren häufig, dass nur damit die üblichen Verdau-
ungsbeschwerden in den Griff zu bekommen sind.

●●● Fakt ist aber, dass viele als laktosefrei deklarierten Lebensmittel von Natur aus keinen oder nur sehr wenig Milchzucker enthalten: So hat zum Beispiel Butter einen Laktosegehalt unter einem Prozent. Die meisten Käsesorten, vor allem Hart- und Schnittkäse wie Emmentaler, Bergkäse oder Gouda, enthalten durch den Herstellungsprozess nur noch Spuren von Milchzucker.
Laktosefreie Spezialprodukte sind zum Teil mehr als doppelt so teuer wie herkömmliche Vergleichsprodukte. Das zeigten verschiedene Marktchecks der Verbraucherzentralen.

Beispiel für „laktosefreien" Käse; Stand: 02/2012

Das fordern die Verbraucherzentralen

Die mit „frei von …" beworbenen Lebensmittel sind also meist nur „praktisch frei" von der genannten Substanz. Tatsächlich sind die festgelegten Grenzwerte so niedrig gewählt, dass kein gesundheitlicher Nachteil zu befürchten ist.
Die Bezeichnung „frei" verwirrt eher, als dass sie für Klarheit sorgt!
■ Hier muss der Gesetzgeber nachkorrigieren!
■ Die Voraussetzungen für nährwertbezogene Angaben müssen sinnvoller festgelegt werden!
Für „laktosefreie" Produkte fordern die Verbraucherzentralen:
■ Der genaue Laktosegehalt sollte auf dem Etikett aller laktosehaltigen Lebensmittel stehen.
■ Die Begriffe „laktosefrei" und „laktosearm" sollten gesetzlich festgelegt werden.
■ Hersteller sollten Produkte wie Hart- und Schnittkäse nicht als Spezialprodukte bewerben dürfen. Für Klarheit kann ein Zusatz wie „von Natur aus laktosefrei" sorgen.

Von Zuckerlügen und Fettfallen

Leben Sie figurbewusst oder kämpfen Sie „mal wieder" gegen überflüssige Pfunde? Dann gehört für Sie – wie für viele andere – der Kalorien-, Fett- und Zuckergehalt eines Lebensmittels vermutlich zu den am meisten beachteten Nährwerten auf der Verpackung. Werbeangaben, die auf ein fett-, zucker- oder kalorienarmes Produkt hinweisen, können dann kaufentscheidend sein. Doch diese Produkte halten beim näheren Blick auf die Nährwertangaben nicht immer, was sie versprechen. Das zeigen die Beschwerden verärgerter Konsumenten, die bei den Verbraucherzentralen eingehen.

Der Zuckerschummel

So führt beispielsweise die Angabe **„ohne Zuckerzusatz"** zur Annahme, dass das Produkt keinen Zucker enthält. Weit gefehlt. Zuckerzusatz ist nicht gleich Zuckergehalt – und letzterer kann in den beworbenen Lebensmitteln hoch sein. Die Aussage „ohne Zuckerzusatz" ist zulässig, wenn das Produkt **keine zugesetzten Einfach- und Zweifach-Zucker** (Mono- bzw. Disaccharide) wie Traubenzucker und Rübenzucker enthält – oder irgendein anderes wegen seiner süßenden Wirkung verwendetes Lebensmittel. Sind die Nahrungsmittel von Natur aus zuckerhaltig, soll das Etikett den Hinweis tragen „enthält von Natur aus Zucker" – das ist aber den Bestimmungen nach **kein** Muss! Wird zum Beispiel ein Lebensmittel mit Fruchtsaft, Trockenfrüchten, Milch- oder Molkenpulver hergestellt, kann es einen hohen Zuckergehalt haben. Trotzdem darf es sich laut Gesetz mit dem Hinweis „ohne Zuckerzusatz" schmücken.

Ein Beispiel hierfür ist das *Vitalis Früchte-Müsli* „ohne Zuckerzusatz" von Dr. Oetker. Laut Nährwertkennzeichnung auf der Verpackung besteht das Produkt zu etwa einem Viertel aus Zucker. Dieser wurde jedoch nicht zugesetzt, sondern er stammt aus den verarbeiteten Trockenfrüchten. Den Hinweis „Enthält von Natur aus Zucker" gibt es auf der Packung. Die Rechtsvorgaben sind somit erfüllt. Das Ganze steht dort aber in winzigen Buchstaben. Erst beim genauen Hinsehen entpuppt sich der wahre, hohe Zuckergehalt.

Stand: 04/2013

NÄHRWERTINFORMATION

100 g enthalten:		1 Portion 40 g Vitalis / 60 ml fettarme Milch 1,5 % Fett)
Energie	1422 kJ	689 kJ
	337 kcal	163 kcal
Eiweiß	7,6 g	5,0 g
Kohlenhydrate	61,8 g	27,6 g
- davon Zucker	24,3 g	12,6 g
Fett	4,5 g	2,8 g
- davon gesättigte Fettsäuren	1,4 g	1,1 g
Ballaststoffe	9,2 g	3,7 g
Natrium	0,05 g	0,05 g
Vitamin B1	0,30 mg	0,14 mg
	(27 %**)	(13 %**)
Vitamin C	50 mg	21 mg
	(63 %**)	(26 %**)
Eisen	3,3 mg	1,3 mg
	(23 %**)	(10 %**)
Magnesium	85 mg	41 mg
	(23 %**)	(11 %**)
**) Prozent der empfohlenen Tagesdosis.		

ZUTATEN

26 % Vollkorn-Haferflocken, Rosinen, 13 % Vollkorn-Weizenflocken, 13 % Vollkorn-Roggenflocken, getrocknete Feigenstücke, Cornflakes (Mais, Salz, Gerstenmalz), getrocknete Birnenstücke, getrocknete Pflaumenstücke, getrocknete Pfirsichstücke, geröstete Bananenscheiben, getrocknete Apfelstücke, 1,5 % Mandelstücke, getrocknetes Maracujasaftkonzentrat, getrocknete Himbeerstücke, pflanzliches Öl, Reismehl, Inulin, Maltodextrin, Vitamin C, Aroma, Säuerungsmittel Citronensäure.

Kann Spuren von weiteren Schalenfrüchten (Nüssen) enthalten.

Zusatzinformation:
Ohne Zuckerzusatz. Enthält von Natur aus Zucker.

! Achtung

„Ohne Zuckerzusatz", „natural", „ungesüßt": Diese
Nährwertslogans prangen auf der Vorderseite vieler
Getreidedrinks. Sie suggerieren einen neutral schme-
ckenden Milchersatz auf Getreidebasis. Doch wenn
Sie einen geringen Zuckergehalt erwarten, können
Sie bei manchen Produkten unangenehm überrascht
werden. Manche dieser Drinks enthalten über neun
Prozent Zucker! Zum Vergleich: Orangenlimonade
bringt es durchschnittlich auf acht Prozent.

Und wie kommt der Zucker in den Getreidedrink? Hier
haben Hersteller in der Health-Claims-Verordnung
auch ein Schlupfloch gefunden: Sie geben den
stärkehaltigen Getränken Enzyme zu, die durch bio-
chemische Reaktionen im Herstellungsprozess Stärke
in Zucker umwandeln, ohne dass dieser rechtlich als
„zugesetzt" gilt. Der Hinweis „enthält von Natur aus
Zucker" ist auf den Getreidedrinks zwar teilweise angegeben, aber nach Ansicht der Verbraucherzentralen
nicht einmal zutreffend. Der natürliche Zuckergehalt
von Getreide (etwa Hafer) liegt nämlich bei einem Prozent und steigt erst durch die Verarbeitung rasant an.
Gegen diese Werbung ist rechtlich schwer vorzugehen,
und es ist zu befürchten, dass dieser Trick sich weiter-
verbreitet, zum Beispiel bei Erfrischungsgetränken.

Das fordern die Verbraucherzentralen

- Wenn Produkte mit der Angabe „ohne Zuckerzusatz“ von Natur aus Zucker enthalten, sollte der Hinweis darauf in unmittelbarer Nähe der Werbeaussage verpflichtend sein.
- Verbraucher müssen bei Getreidedrinks & Co. auf einen Blick erkennen können, dass Zucker produktionsbedingt entstanden ist.
- Nährwertangaben zu Zucker müssen so erfolgen, dass sie von Verbrauchern schnell erfasst und bewertet werden können (siehe Seite 154, Nährwert-Ampel).

Schwer angeschmiert mit „leicht“

Angaben wie **„leicht“ oder „light“** führen ebenfalls immer wieder zu Missverständnissen, denn sie bedeuten nicht unbedingt „kalorienarm“. Der Verordnungstext sagt dazu, dass „leicht“ nichts anderes bedeutet als „reduziert“, wobei ein Hinweis auf die Eigenschaften erfolgen muss, die das Lebensmittel „leicht“ machen. Für „reduziert“-Angaben gilt, dass der betreffende Nährstoff oder der Energiegehalt gegenüber einem gleichartigen Produkt um mindestens 30 Prozent verringert sein muss; bei Salz genügen 25 Prozent und bei Mikronährstoffen zehn Prozent.

Kartoffelchips „light“ könnten demnach beispielsweise 30 Prozent weniger Fett oder 30 Prozent weniger Kalorien oder aber auch 25 Prozent weniger Salz enthalten. Echte Kalorien-, Zucker- oder Fettbomben werden aber in der Light-Variante noch nicht wesentlich entschärft: Beispielsweise sind die *Be Light Kartoffel-*

Durchschnittliche Nährwerte		
	Pro 100 g	1 Portion (30 g)
Brennwert	2076 kJ	623 kJ
	496 kcal	149 kcal
Eiweiß	7,0 g	2,1 g
Kohlenhydrate	61,0 g	18,3 g
davon Zucker	3,0 g	0,9 g
Fett	24,0 g	7,2 g
davon		
gesättigte Fettsäuren	1,9 g	0,6 g
Ballaststoffe	4,0 g	1,2 g
Natrium	0,7 g	0,2 g

Stand: 03/2013

chips von Aldi Süd zwar um 30 Prozent fettreduziert, sie liefern aber pro 100 Gramm immer noch 494 Kilokalorien. Von Genuss „ohne Reue" kann da nicht die Rede sein!

Diese Regelungen sind für Hersteller wie geschaffen, um Kalorienbomben als „leicht" verkaufen zu können – hier sind Missverständnisse schon vorprogrammiert.

■ *Fettarmer Joghurt mit der Buttermilch* der Firma Müller wirbt mit der Angabe **„natürlich leicht durch Buttermilch"**. Wer aber glaubt, dass es sich dabei um ein kalorienreduziertes Produkt handelt, irrt sich gewaltig: Mit 91 Kilokalorien pro 100 Gramm liefert der Joghurt mehr Kalorien als ein normaler fettarmer Fruchtjoghurt mit durchschnittlich 80 Kilokalorien

Stand: 03/2011

pro 100 Gramm. Der Energiegehalt kommt durch den hohen Zuckeranteil zustande, denn „leicht" bezieht sich in diesem Fall ausschließlich auf den reduzierten Fettgehalt.

- Das Produkt *Nesquik* von Nestlé gibt es als Variante **„weniger süß – zuckerreduziert"**. Auch hier bedeutet eingesparter Zucker nicht gleichzeitig auch ein Minus an Kalorien. Darauf wird erst im Kleingedruckten hingewiesen.

Stand: 05/2013

- Die Schokolade *Yogurette* von Ferrero (Abbildung auf der Folgeseite) mit der schon klassischen Werbung **„schmeckt joghurt-leicht"** steht keineswegs für zucker-, fett- oder kalorienärmer, wie mancher Verbraucher denken mag. Eine Milchschokolade hat beispielsweise durchschnittlich 536 Kilokalorien, 31,5 Gram Fett und 44,6 Gramm Zucker. Ferrero weist die Kritik bei lebensmittelklarheit.de von sich. „Schmeckt joghurt-leicht" beziehe sich erkennbar nur auf den Geschmack. Allerdings hat die Firma die altbekannte Werbeaussage inzwischen dann doch lieber von der Packung entfernt.

NÄHRWERTKENNZEICHNUNG			
YOGURETTE ENTHÄLT IM DURCHSCHNITT	PRO 100 g	PRO RIEGEL (12,5 g)	PRO RIEGEL (12,5 g) %GDA**
ENERGIEWERT	2363kJ / 566 kcal	297 kJ / 71 kcal	4 %
EIWEIß	5,0 g	0,6 g	1 %
KOHLENHYDRATE	56,0 g	7,0 g	3 %
DAVON ZUCKER	54,7 g	6,8 g	8 %
FETT	35,6 g	4,5 g	6 %
DAVON GESÄTTIGTE FETTSÄUREN	20,3 g	2,5 g	13 %
BALLASTSTOFFE	1,4 g	0,2 g	1 %
NATRIUM	53,0 mg	6,6 mg	0 %
VITAMINE UND MINERALSTOFFE PRO 100 g			
VITAMIN B_2	0,24 mg	(15 % RDA*)	
VITAMIN B_{12}	0,38 µg	(38 % RDA*)	
VITAMIN E	2,9 mg	(29 % RDA*)	
CALCIUM	150 mg	(18 % RDA*)	
PHOSPHOR	130 mg	(16 % RDA*)	

* Prozentsatz der empfohlenen Tagesmenge
** Richtwert für die Tageszufuhr (guideline daily amount) eines Erwachsenen basierend auf einer Ernährung mit durchschnittlich 2.000 kcal. Der Bedarf an Nährstoffen kann nach Geschlecht, Alter, körperlicher Aktivität und anderen Faktoren höher oder niedriger sein.

Stand: 09/2011

- Die Meggle *Joghurt-Butter* verspricht „**Joghurt-leichten Butter-Genuss**". Die Anforderung an die Angabe „leicht" erfüllt sie jedoch laut Kennzeichnung auf der Verpackung nicht: Statt 30 Prozent enthält sie nur 20 Prozent weniger Fett.

Nährwerte pro 100 g durchschnittlich:	
Brennwert	2451 kJ / 596 kcal
Eiweiß	1,3 g
Kohlenhydrate	1,4 g
Fett	65 g

Stand: 03/2013

[] Tipp

Die Angabe „leicht" oder „light" kann sich auf unterschiedliche Eigenschaften eines Produktes beziehen. Auf der Verpackung muss hingewiesen werden, worauf sie sich bezieht.

Wenn weniger Zucker oder Fett verwendet wurden, ist aber nicht automatisch der Energiegehalt wesentlich geringer. Schauen Sie genau auf die Kalorien- und Nährwertangaben – es lohnt sich! Vergleichen Sie ähnliche Produkte.

Auch die Zutatenliste kann aufschlussreich sein: Light-Lebensmittel enthalten meist mehr Zusatzstoffe als die „normalen" Produkte, zum Beispiel Bindemittel und Emulgatoren, um das kalorienreduzierende zugesetzte Wasser „schnittfest zu machen". Und obendrein müssen Sie meist mehr Geld für die vermeintlichen Leicht-Alternativen bezahlen!

Gesundheitsslogans – massenweise!

Bei den gesundheitsbezogenen Angaben für Lebensmittel sieht der aktuelle Stand der Health-Claims-Verordnung weit schlechter aus als bei den Nährwert-Claims (siehe Seite 153). Von der Flut an Gesundheitsslogans, die die Hersteller eingereicht hatten, nahm die EFSA seit 2008 über 4.000 unterschiedliche Werbeversprechen in Augenschein und wertete dazu unzählige Studien aus. Etwa 1.600 Slogans lehnten die Experten ab – zum Beispiel, dass Cranberry die Blasengesundheit fördert, Acerola vor freien Radikalen schützt oder Apfelessig hilft, das Körpergewicht zu normalisieren. Diese Claims konnten nicht ausreichend wissenschaftlich belegt werden. Weitere rund 200 Angaben sind inzwischen per Verordnung der

EU-Kommission offiziell zugelassen. Es handelt sich dabei hauptsächlich um Aussagen zu Nährstoffen wie Vitaminen, Mineralstoffen und Spurenelementen. Über 2.000 Claims zu Pflanzenstoffen sind noch nicht bewertet. Im Streitfall ist die Rechtslage dadurch in vielen Fällen noch ungeklärt.

Zugelassen sind zum Beispiel die Angaben:

- Folat (ein B-Vitamin) trägt zu einer normalen Blutbildung bei.
- Jod trägt zu einem normalen Energiestoffwechsel bei.
- Vitamin A trägt zur Erhaltung einer normalen Sehkraft bei.
- Vitamin C trägt zu einer normalen Funktion des Immunsystems bei.

Diese nunmehr zugelassenen Angaben sind nicht sehr werbewirksam formuliert. Hersteller dürfen von diesem vorgegebenen Wortlaut aber abweichen, sofern die Angabe für den Verbraucher voraussichtlich dieselbe Bedeutung hat. Das wird nicht immer leicht zu beurteilen sein: Für Vitamin C entspricht zum Beispiel die Werbung „unterstützt das Immunsystem" im Wesentlichen noch der zugelassenen Angabe (siehe oben). Die Formulierung „fördert die Abwehrkräfte" dürfte aber schon unzulässig sein. Diese Entscheidungen sind im Zweifelsfall in aufwändigen Gerichtsverfahren zu klären.

Auch bei den gesundheitsbezogenen Angaben zeichnet sich bereits ab, dass Firmen versuchen, Verbote zu umgehen, statt sich auf seriöse Werbeaussagen zu beschränken. Sie suchen beispielsweise aus der langen Liste der erlaubten Aussagen solche aus, die zur ursprünglichen, inzwischen verbotenen Werbeaussage

passen. Dann setzten sie ihrem Produkt den entsprechenden Nährstoff zu – und werben weiter wie zuvor.
Dazu ein Beispiel: Für Nahrungsergänzungsmittel mit
Cranberry-Extrakten ist eine Werbung mit „Blasengesundheit" nicht mehr erlaubt. Firmen peppen ihre Produkte nun kurzerhand mit Nährstoffen wie Vitamin C
und Selen auf und werben dann etwa so: „Für den Zell-
schutz einer gesunden Blase". Es bleibt abzuwarten,
ob solchen Praktiken in Zukunft rechtlich ein Riegel
vorgeschoben wird.

Verbraucherfreundliche Gerichtsurteile gibt es zu dieser Werbemasche bereits, beispielsweise zu einem
Ginkgo-Produkt. Ein Anbieter hob Ginkgo durch Bild
und Bezeichnung auf seinem Produkt hervor und bewarb gleichzeitig B-Vitamine „für Gehirn, Nerven, Konzentration und Gedächtnis". Das Landgericht Hamburg
beurteilte dies als irreführend, da die Gefahr besteht,
dass Verbraucher die ausgelobten Wirkungen maßgeblich dem hervorgehobenen Hauptinhaltsstoff Ginkgo
zuschreiben. Bei dem Verfahren läuft die Berufung, es
ist also – leider – noch nicht rechtskräftig.

Exkurs: Pillen, Pulver & Co. – Arznei oder Lebensmittel?

Nahrungsergänzungsmittel (NEM) bilden die Lebens-
mittelgruppe, die am meisten mit Nährwert- und Gesundheitsversprechen beworben wird. Aber auch die
NEM-Claims unterliegen der Health-Claims-Verordnung
und Hersteller dürfen nur zugelassene Angaben verwenden.

Die „Gesundheitsregale" vieler Drogeriemärkte bersten
fast von einer verwirrenden Vielfalt an Pillen, Pulvern,
Tropfen oder Tees , die Krankheiten behandeln oder
die Gesundheit fördern sollen. Was viele Kunden nicht
wissen: Häufig sind hier Lebensmittel wie Nahrungsergänzungsmittel und Arzneimittel bunt gemischt
nebeneinander platziert. Dabei ist es gut zu wissen,
wo hier die Unterschiede bestehen: Medikamente dienen der Heilung und Verhütung von Krankheiten und
unterliegen dem Arzneimittelrecht. NEM sind hingegen
lediglich dazu bestimmt, die Ernährung zu ergänzen.
Sie werden zwar in arzneimitteltypischer Form wie
zum Beispiel Pillen angeboten, gehören aber zu den
Lebensmitteln. Im Gegensatz zu Arzneimitteln durchlaufen sie kein Zulassungsverfahren, bei dem die Wirk-
samkeit und Unschädlichkeit geprüft werden.

Allerdings müssen die für alle Lebensmittel geltenden
Pflichtkennzeichnungen sowie einige spezielle Angaben auf der Verpackung von NEM stehen:

- Die **Verkehrsbezeichnung** enthält den Begriff „Nahrungsergänzungsmittel" und nennt die charakteristischen Nährstoffe, zum Beispiel „mit Calcium und
  Vitamin D".
- Eine **Nährwertkennzeichnung** ist verpflichtend. Bei
  Vitaminen und Mineralstoffen weist sie die Zufuhr-
  empfehlung in Prozent pro Tagesmenge aus und
  enthält eine Angabe zur empfohlenen täglichen Verzehrsmenge.
- Ein **Warnhinweis**: „Die angegebene empfohlene
  tägliche Verzehrsmenge darf nicht überschritten
  werden."
- Es erfolgt zusätzlich ein Hinweis, dass Nahrungsergänzungsmittel kein Ersatz für eine ausgewogene
  Ernährung sind.
- Ein Hinweis, dass die Produkte außerhalb der Reich-
  weite von Kindern zu lagern sind.

Nährwertkennzeichnung – Anbieter geizen mit Angaben

Zahlreiche Anfragen zeigen, dass Verbraucher Nährwertinformationen auf Lebensmitteln erwarten und diese oftmals auch für eine Pflichtkennzeichnung halten. Doch das ist leider immer noch nicht der Fall. Erst ab Mitte Dezember 2016 müssen Anbieter Nährwertkennzeichnungen auf nahezu allen fertig verpackten Lebensmitteln verbindlich vornehmen; bis dahin sind sie grundsätzlich freiwillig.

Gesetzlich vorgeschrieben ist die Nährwertkennzeichnung aber auf Lebensmitteln mit nährwertbezogener oder gesundheitsbezogener Werbung. Auch auf Lebensmitteln für besondere Ernährungszwecke (wie Säuglingsnahrung) und auf angereicherten Lebensmitteln ist die Nährwertkennzeichnung Pflicht.

Nährwertkennzeichnung: So muss sie aussehen

Wie die Nährwertkennzeichnung – egal ob verpflichtend oder freiwillig – zu erfolgen hat, regelt die Nährwertkennzeichnungsverordnung:

Vorgeschrieben ist die Form einer Tabelle, in der sich die Angaben auf 100 Gramm oder 100 Milliliter eines Lebensmittels beziehen.

Bei der freiwilligen Kennzeichnung kann der Hersteller grundsätzlich zwischen einer kurzen Form – die Nennung der sogenannten „Big 4" – oder einer ausführlicheren Form, die Angabe der „Big 8", wählen.

„Big 4"-Kennzeichnung	„Big 8"-Kennzeichnung
Brennwert	Brennwert
Eiweiß	Eiweiß
Kohlenhydrate	Kohlenhydrate
Fett	davon Zucker
	Fett
	davon gesättigte Fettsäuren
	Ballaststoffe
	Natrium

Durchschnittliche Nährwerte pro 100 ml:	
Brennwert	219 kJ (52 kcal)
Eiweiß	0,2 g
Kohlenhydrate	11,5 g
- davon Zucker*	11,0 g
Fett	0,2 g
- davon gesättigte Fettsäuren	0,1 g
Ballaststoffe	0,6 g
Natrium	0,003 g
*Zutaten enthalten von Natur aus Zucker	

Beispiel für eine Big-8-Nährwertkennzeichnung

Wirbt der Hersteller aber mit dem Nährwert, so hängt die Art der Nährwertkennzeichnung vom beworbenen Nährstoff ab:

- Bezieht sich die Werbung auf einen der Big-4-Nährstoffe, so genügt die kleine Big-4-Tabelle.
- Bezieht sich die Werbung auf Zucker, gesättigte Fettsäuren, Ballaststoffe, Natrium oder Kochsalz, muss die Big-8-Form gewählt werden.
- Wird ein weiterer Nährstoff beworben, so ist dieser zusätzlich anzugeben.

Auch bei gesundheitsbezogener Werbung ist eine Big-8-Nährwertkennzeichnung vorgeschrieben.

Zusätzlich zu den „Big 8" dürfen die folgenden Inhaltsstoffe gekennzeichnet werden:

- Stärke,
- mehrwertige Alkohole (Zuckeraustauschstoffe wie
  Sorbit),
- einfach und mehrfach ungesättigte Fettsäuren,
- Cholesterin,
- Vitamine und Mineralstoffe.

Macht ein Hersteller Angaben zu einfach oder mehrfach ungesättigten Fettsäuren, muss er zusätzlich den
Gehalt an gesättigten Fettsäuren deklarieren.

Bei Vitaminen und Mineralstoffen muss der prozentuale Anteil des Nährstoffs an der empfohlen Tagesdosis
angegeben werden.

Ergänzend zur Deklaration der Nährwerte pro 100
Gramm oder 100 Milliliter kann der Hersteller diese
auch pro Portion angeben. Die Größe einer Portion legt
er dabei selbst fest.

Zusätzlich zur vorgeschriebenen Tabellenform dürfen
Lebensmittelhersteller den Gehalt wichtiger Nährstoffe
in einer Grafik darstellen. Sie soll Verbrauchern ver-
ständlichere Informationen über den Kaloriengehalt
und die Menge der wichtigsten Nährstoffe geben.

Das Bundesministerium für Ernährung, Landwirtschaft
und Verbraucherschutz befürwortet das sogenannte
„1+4-Modell" (siehe Abbildung Seite 156, oben).
Danach werden der Energiegehalt und die Mengen
an Fett, gesättigten Fettsäuren, Zucker und Salz pro
Portion sowie zusätzlich der prozentuale Anteil dieser
Kalorien und Nährstoffe an der empfohlenen Tageszufuhr angegeben.

Beispiel für ein
„1+4-Modell"

Kalorien pro 100g :
371 kcal

Nährwert-Ampel

Das fordern die Verbraucherzentralen

Eine einfache, auf einen Blick erkennbare Nährwert-kennzeichnung gehört auf die Vorderseite von Pro-duktverpackungen: die „Nährwert-Ampel". Anhand der Signalfarben Rot, Gelb und Grün lässt sich unmittelbar erkennen, ob beispielsweise Pizzen, Schokoriegel und Co. zu zucker- oder fettreich sind. Die Ampel hilft dabei, Produkte untereinander zu vergleichen und bei-spielsweise das zucker- und fettärmere auszuwählen. Das „1+4"-Modell erfüllt diese Anforderungen nicht und kann zu Missverständnissen führen. Bei den Portionsgrößen wird häufig getrickst, indem Anbieter willkürlich unrealistisch kleine Portionen angeben. Die tolerierbare tägliche Verzehrmenge von Zucker ist zu hoch angesetzt. Zuckerreiches erscheint so gesünder.

Nährwertprofile: immer noch in weiter Ferne

Ein Kernstück der Health-Claims-Verordnung (siehe Seite 149) fehlt noch: die sogenannten **Nährwertprofile**. Sie sollen Höchstwerte für den Zucker-, Fett- und Salzgehalt bestimmter Lebensmittelgruppen festlegen. Nur wenn diese Werte eingehalten werden, soll nährwert- oder gesundheitsbezogene Werbung auf der Verpackung dieser Lebensmittel erlaubt sein. Nährwertprofile sollen also sicherstellen, dass aus gesundheitlicher Sicht ungünstig zusammengesetzte Lebensmittel nicht als gesund oder nährstoffreich beworben werden dürfen. Auf zuckrigen Frühstücksflakes, fettreichen Kartoffelchips oder salzreichen Fertiggerichten wären gesundheitsbezogene und die meisten nährwertbezogenen Angaben dann verboten. Laut Zeitplan sollte die Europäische Kommission die Nährstoffprofile bis Anfang 2009 festlegen.

Doch durch den Einfluss der Lebensmittelindustrie liegt die Diskussion seit Jahren auf Eis. So können Hersteller weiterhin auch „Fett- und Zuckerfallen" mit Vitaminen und Co. anreichern und ihnen damit ein gesundes Image verleihen. Wann es verbindliche Nährwertprofile geben wird, ist zurzeit noch ungeklärt.

Die Verbraucherzentralen fordern seit Jahren, dass die ausstehenden Nährwertprofile endlich festgelegt werden.

Ein einziges klares Werbeverbot gibt es seit dem Geltungsbeginn der Health-Claims-Verordnung: Für alkoholhaltige Getränke ab 1,2 Volumenprozent sind nährwert- und gesundheitsbezogene Angaben unzulässig. Ausgenommen sind nur Angaben, die sich auf einen geringen oder reduzierten Alkoholgehalt oder Brennwert beziehen.

Kindermilch, Bärchenwurst & Co.: Für die Kleinen nur das Beste?

Kinder sind für die Food-Branche zu einer interessanten Zielgruppe geworden. Bereits die Sechs- bis Dreizehnjährigen verfügen dank Taschengeld und Geldgeschenken pro Jahr insgesamt über zirka drei Milliarden Euro. Grund genug für die Lebensmittelindustrie, immer mehr „Kinderlebensmittel" speziell für diese Zielgruppe zu kreieren. Die Kinderprodukte haben lustige Namen, sind bunt und teilweise aufwändig verpackt und mit beliebten Comic-Helden, Stickern, Sammelfiguren, Rätseln und Gewinnspielen versehen. Die Produktwerbung in den Medien und auf speziellen Internetseiten der Hersteller richtet sich häufig direkt an die Kleinen.

In den Marketingstrategien gehen die Anbieter aber zweigleisig vor: So richten sie ihre Produktwerbung nicht nur an Kinder, sondern auch an Eltern und Großeltern. Um den Kleinen eine Freude zu bereiten oder lästiges Quengeln endlich zu beenden, landet denn so manches Produkt spontan im Einkaufskorb. Gleichzeitig überzeugen die Anbieter die Eltern vom besonderen Nährwert der Produkte und versprechen einen gesundheitlichen Zusatznutzen wie „starke Knochen" oder werben mit „gesunden Vitaminen". Das Konzept geht auf, denn nichts ist Eltern so wichtig wie die Gesundheit ihres Nachwuchses. Dafür sind sie auch bereit, mehr Geld zu zahlen – zumal die süßen Frühstückscrunchies, Kinderdesserts, Smoothies im Quetschbeutel oder die Wurst in lustiger Bärchenform von den Kleinen besonders gerne gegessen werden.

Die „Extraportion" Milch, Vitamin C oder Omega-Fettsäuren und deren Bedeutung für verschiedenste Körperfunktionen der Kinder müssen herhalten, damit das Produkt mit gutem Gewissen gekauft wird. Dafür werden viele

Produkte unnötigerweise mit einem willkürlich zusammengemixten Cocktail an Nährstoffen angereichert.

Sogar für Ein- bis Dreijährige hat die Food-Branche ein neues Marktsegment kreiert. Die Hersteller von Babynahrung umwerben die Eltern von Kleinkindern in den letzten Jahren verstärkt mit Produkten wie Kleinkindmilch, ganzen Menüs oder speziellen Müslis, Fruchtriegeln, Keksen und Säften. Die Produktlinien wie „Kleine Entdecker" oder „Minis" sind weniger bunt, dafür aber mit umso mehr Werbeaussagen versehen, die sich auf den Nährwert oder deren vermeintlich gesundheitliche Vorteile beziehen.

Dass die Botschaft der Hersteller bei Eltern ankommt, zeigt eine repräsentative Umfrage im Auftrag des Verbraucherzentrale Bundesverbands: Rund 40 Prozent der Verbraucher gehen davon aus, dass Kinderlebensmittel im Zucker-, Fett- und Salzgehalt an die Bedürfnisse von Kindern angepasst sind. Tatsächlich sind Kinderlebensmittel aber häufig besonders süß, fett- und salzreich. Sie entsprechen damit – entgegen der Werbung der Hersteller – selten dem ernährungsphysiologischen Bedarf von Kindern, sondern vielmehr ihren geschmacklichen Vorlieben und ihrer Erlebniswelt.

Viele Hersteller interessiert es nicht, ob ihre angepriesenen Kinderlebensmittel auch zum Bedarf der Kinder passen: Schmecken soll's den Kleinen. Also muss es süß sein! Und Aromen sind wichtig – also weg mit den „lästigen" Obststückchen im Joghurt, die Kinder möglicherweise nicht mögen. Desserts wie Quark und Pudding, Mischgetränke mit Milch, Frühstückscerealien und Süßwaren aller Art sind typische Produktgruppen, in denen sich spezielle Kinderlebensmittel finden. Aber auch Tütensuppen, Nudelgerichte, Wurst und Fischkonserven gehören zum Sortiment.

Dass Kinderlebensmittel keineswegs gesünder sein müssen, zeigen die Beispiele:

■ *Kellogg's Cornflakes* enthalten acht Prozent Zucker, das Kinderprodukt *Kellogg's Frosties* dagegen fast das Fünffache (37 Prozent)!

Stand: 02/2012

■ *Kinderschokolade* von Ferrero liefert mehr Kalorien (564 kcal/100g) und Fett (34,8 Gramm Fett pro 100) als Vollmilchschokolade mit beispielsweise 530 Kilokalorien und 29,5 Gramm Fett pro 100 Gramm.

kinder Schokolade enthält im Durchschnitt		je 100 g	je Riegel (12,5 g)	GDA* je Riegel
Energiewert kJ/kcal		2352/564	296/71	4 %
Eiweiß	g	8,7	1,1	2 %
Kohlenhydrate	g	53,5	6,7	2 %
davon Zucker	g	53	6,6	7 %
Fett	g	34,8	4,4	6 %
davon gesättigte Fettsäuren	g	22,6	2,8	14 %
Ballaststoffe	g	0,9	0,1	0 %
Natrium	g	0,123	0,015	1 %

*GDA: Richtwert für die Tageszufuhr (guideline daily amount) eines Erwachsenen basierend auf einer Ernährung mit durchschnittlich 2.000 kcal. Der Bedarf an Nährstoffen kann nach Geschlecht, Alter, körperlicher Aktivität und anderen Faktoren höher oder niedriger sein.

FERRERO D-60624 Frankfurt/Main

Stand 04/2013

- *Fruchtzwerge* enthalten 2,9 Prozent Fett und 12,8 Prozent Zucker, Fruchtquark aus Magerquark dagegen durchschnittlich nur 0,2 Prozent Fett und 10 Prozent Zucker.

Das Produkt erhält durchschnittlich	pro 100g
Brennwert (kJ/kcal)	441/105
Eiweiß (g)	6,6
Kohlenhydrate (g)	13,0
davon Zucker (g)	12,8
Fett (g)	2,9
davon gesättigte Fettsäuren (g)	1,9
Ballaststoffe (g)	0,2
Natrium (g)	0,03

% des empf. Tagesbedarfs	pro 100g
Calcium (mg)	30	240
Vitamin D (µg)	25	1,25

Stand: 03/2013

Werbeaussagen, die sich auf die Entwicklung und Gesundheit von Kindern beziehen, sind besonders streng geregelt. Die allgemeine Liste der zugelassenen Health Claims gilt hierbei nicht. Stattdessen müssen gesundheitsbezogene Angaben für diesen Zweck einzeln zugelassen werden.

Diese Anforderung wurde dem *Rotbäckchen*-Saft im Gerichtsverfahren gegen den Verbraucherzentrale Bundesverband zum Verhängnis: Die Zulassung fehlte nämlich für die Behauptungen „lernstark" und „mit Eisen zur Unterstützung der Konzentrationsfähigkeit" auf dem Kindersaft der Rotbäckchen-Vertriebs GmbH. Das Landgericht Koblenz sah in der Werbung deshalb einen klaren Verstoß gegen die Health-Claims-Verordnung (siehe Seite 149). Den Einwand des Unternehmens, der Saft werde auch von älteren Menschen getrunken und sei daher gar kein spezielles Kinderprodukt, ließ das Gericht nicht gelten. Denn die Gestaltung des Etiketts

Stand: 04/2013

und die Werbung zielen eindeutig auf Kinder ab. Außerdem hatte die Firma das Produkt in einem Hinweis auf der Flasche selbst als Kindersaft bezeichnet. Das verbraucherfreundliche Urteil ist leider noch nicht rechtskräftig.

[] Tipp

Achten Sie bei „Kinder-Produkten" auf die Nährwertkennzeichnung und vergleichen Sie diese mit „normalen" Lebensmitteln. Auf eine Extra-Portion Zucker und Fett kann Ihr Kind gut verzichten.
Wenn Nährwerte oder Wirkungen auf die Gesundheit beworben werden, beziehen sich diese oft auf zugesetzte Nährstoffe, die Kinder in der Regel nicht benötigen. Auf der Zutatenliste steht, ob und welche Nährstoffe zugesetzt wurden.
Mit Nährstoffcocktails angereicherte Produkte oder gar Nahrungsergänzungsmittel für Kinder sollten Sie getrost im Einkaufsregal stehen lassen. Eine ausgewogene Ernährung liefert Ihrem Sprössling alle notwendigen Nährstoffe.

Rechtlicher Hintergrund: Kinderlebensmittel – Kleinkinder-Lebensmittel

Spezielle Lebensmittel für Kinder sind überflüssig. Etwa ab dem ersten Lebensjahr sollen die Kleinen an der Familienkost teilhaben – ohne „Extra-Würste". Der Begriff „Kinderlebensmittel" taucht im Lebensmittelrecht nicht auf; es gibt keine speziellen Regelungen – die Produkte müssen nur die allgemeinen Rechtsvorgaben einhalten, die für alle vergleichbaren Lebensmittel gelten.

Spezielle Vorschriften gibt es aber für Säuglingsnahrungen und Beikost wie Gläschen und Breie sowie für

sogenannte Kleinkinder-Lebensmittel, die sich laut
Angabe an Kinder zwischen ein und drei Jahren richten. Sie zählen zu den diätetischen Lebensmitteln und
sind in der Diätverordnung geregelt: Alle Arten von
Säuglingsnahrung und Beikost müssen Anforderungen
hinsichtlich Zusammensetzung, Kennzeichnung und
Bewerbung erfüllen. So ist Säuglingsanfangsnahrung
als Ersatzprodukt für Muttermilch auf die speziellen Ernährungsbedürfnisse von Babys abgestellt. Außerdem
gelten strenge Grenzwerte für Rückstände von Pesti-
ziden und Schadstoffen. Weitere Bestimmungen für
sonstige, nicht näher definierte Produkte für Säuglinge
und Kleinkinder und Ausnahmeregelungen in der Diätverordnung machen die Rechtslage kompliziert. Aus
medizinisch-ernährungswissenschaftlicher Sicht gibt
es keine plausible Begründung, gesunde Ein- bis Dreijährige mit diätetischen Lebensmitteln zu versorgen.
Eine Spezialkost ist nicht erforderlich.

Zu viel des Guten?

Wer sich ausgewogen ernährt, braucht keinerlei Lebensmittel, die mit Nährstoffen angereichert wurden.
Wenn immer mehr Hersteller ihre Produkte mit Nährstoffcocktails anreichern, um sie positiv bewerben zu
können, ist eine Überversorgung mit bestimmten Substanzen nicht mehr auszuschließen.

Für die zugelassenen Claims bewertete die EFSA ausschließlich die wissenschaftlich nachgewiesene Wirk-
samkeit von Inhaltsstoffen und Lebensmitteln. Es gab
keine gleichzeitige Risikobewertung in Sachen „Über-
dosierung". Dies könnte besonders bei den noch ausstehenden Claims für Pflanzenstoffe negative Auswirkungen haben, denn wenn eine Substanz nachweislich
wirksam ist, kann sie auch Nebenwirkungen entfalten.
Hier besteht ein dringender Regelungsbedarf!

! **Achtung**

Warum Sie auf angereicherte Lebensmittel verzichten sollten:

- Es gibt bisher keine vorgeschriebenen Höchstmengen für die Anreicherung mit Vitaminen und Mineralstoffen in Lebensmitteln.
- Hersteller setzen ihren Produkten häufig mehr Vitamine zu, als auf der Verpackung deklariert ist, damit die Produkte auch bis zum Ablauf des Mindesthaltbarkeitsdatums noch die entsprechende Vitaminmenge enthalten.
- Es gibt zunehmend Hinweise, dass eine überhöhte Zufuhr an bestimmten Vitaminen und Mineralstoffen, zum Beispiel Folsäure und Eisen, gesundheitlich riskant ist.
- Gerade gesundheitsbewusste Menschen können so leicht ein Vielfaches der empfohlenen Tagesdosis an Nährstoffen aufnehmen oder ihren Kindern anbieten.

Schlupfloch „Ausnahme" – wie viele Lebensmittel eine Zutatenliste umgehen

Sie werden es schon bemerkt haben – unser Tipp Nummer eins bei der Auswahl von zusammengesetzten, fertig verpackten Lebensmitteln ist: Zutatenliste lesen! Die allermeisten Tricks und Täuschungsversuche kommen dadurch ans Licht. Aber wie informieren Sie sich, wenn auf bestimmten Lebensmitteln eine Zutatenliste ganz offiziell fehlen darf? Diese Ausnahmeregelungen sind ärgerlich für Käufer und zudem vielfach nicht nachvollziehbar.

⋮ Gut zu wissen

Die Zutatenliste auf der Verpackung von zusammengesetzten, fertig verpackten Lebensmitteln ist nach dem Gewichtsanteil der Zutaten sortiert. Die Zutat, die den Hauptbestandteil bildet, steht an erster Stelle. Lesen Sie die ersten zwei bis drei Zutaten, dann wissen Sie, woraus das Produkt im Wesentlichen besteht. Außerdem können Sie anhand der Position in der Liste die Menge einzelner Zutaten abschätzen: Zutaten, die relativ weit hinten im Zutatenverzeichnis stehen, zum Beispiel zwischen Gewürzen, Zusatzstoffen und Aroma, sind nur in geringer Menge vorhanden. Ein Anhaltspunkt kann beispielsweise sein, an welcher Stelle Zucker oder Fett stehen. Bei einer Nougatcreme beginnt die Zutatenliste häufig mit Zucker, pflanzlichem Fett und Haselnüssen – korrekter wäre also die Bezeichnung „Zucker-Fett-Creme".

Beispiel für eine Zutatenliste

MANDEL-NOUGAT-CREME · ALMOND NOUGAT SPREAD · PÂTE À TARTINER AUX AMANDES
Mit leckerem Kakao und feiner Mandel – für einen genussvollen Start in den Tag.
Ⓓ ZUTATEN: Zucker, pflanzliches Öl, 13% Mandeln, 3,7% fettarmes Kakaopulver, Milchzucker, Magermilchpulver, Haselnüsse, Emulgator Sojalecithine, Vanilleextrakt. BITTE BEI ZIMMERTEMPERATUR LAGERN (≥20°C). ⒼⒷ INGREDIENTS: sugar, vegetable oil, 13% almonds, 3,7% fat-reduced cocoa, lactose, skimmed milk powder, hazelnuts,

„Unser Produkt ist zu klein!"

Klingt logisch – wo kein Platz ist, kann auch nichts aufgedruckt werden. Die Lebensmittelkennzeichnungsverordnung befreit Erzeugnisse vom verpflichtenden Zutatenverzeichnis, wenn deren größte Einzelfläche kleiner als zehn Quadratzentimeter ist. Stellen wir uns ein Produkt in Form einer Tablettenschachtel mit einer Einzelfläche von knapp fünf mal zwei Zentimetern vor. Darauf wird es dann zugegebenermaßen schon eng.

Aber:

- Häufig ist auf solchen Verpackungen noch ausreichend Platz für einen relativ groß gedruckten Produktnamen, für Abbildungen und Werbebotschaften. Ein bisschen weniger Werbung und etwas mehr Information wäre eine gute Maßnahme;
- Zutatenlisten werden oft auch ohne Platznot gerne auf einer Minimalfläche zusammengepfercht. Das Produkt *fix & frisch Kartoffel-Gratin* braucht bei der größten Einzelfläche von 12,5 mal 14,5 Zentimetern – also stolzen 180 Quadratzentimetern – gerade mal 5,3 Quadratzentimeter für die Zutatenliste. Die Zutatenliste der Sauce *Hollandaise* von Thomy mit einer Einzelfläche von 63 Quadratzentimetern „opfert" dem Verzeichnis ein Zehntel der Fläche. Die *Salatkrönung* von Knorr, die mit 80 Quadratzentimetern ebenfalls noch lange nicht unter die Ausnahmeregelung fällt, gönnt der Zutatenliste sogar nur 4,2 Quadratzentimeter.

Fakt ist: Auf viele kleine Verpackungen passt sehr wohl noch eine Zutatenliste. Manche Firmen nutzen die Ausnahmeregelung aber gerne, um die Zutatenliste unter den Tisch fallen zu lassen.

Zutatenlisten auf minimaler Fläche. Bild oben:
Stand: 11/2011; Bild links: Stand: 09/2011; Bild
rechts: Stand: 10/2011

[] Tipp

Urteilen Sie bei Kleinstverpackungen selbst: Hätte auf die kleine Verpackungsfläche sehr wohl noch ein Zutatenverzeichnis gepasst? Dann treten Sie in den „Kaufstreik" und schreiben dem Hersteller eine E-Mail. Unternehmen sollen endlich merken, dass Verbraucher keine „Black Box" kaufen wollen.

Hochprozentiges

Steigt der Alkoholgehalt in Getränken über 1,2 Volumenprozent, so darf das Zutatenverzeichnis fehlen. Bei knallbunten, geschmacksintensiven Likören würde es aber vermutlich etliche Käufer interessieren, welche Aromen, Farbstoffe und andere Zusatzstoffe das Getränk enthält. Die Deklarationspflicht ist aber sehr beschränkt: Einige Zusatzstoffe oder Zusatzstoffgruppen müssen aufgeführt werden, beispielsweise „mit Farbstoff" (siehe Seite 127, 186). Die einzelnen Substanzen sind dann allerdings unklar – was tatsächlich in der Flasche steckt, bleibt geheim.

Dabei sind gerade bei Likören und anderen Spirituosen die Qualitätsunterschiede groß. Es gibt durchaus Produkte, die ohne Farbstoffe und Aromen auskommen und deren Geschmack ausschließlich aus natürlichen Zutaten stammt. Man sollte sie deshalb auch erkennen können.

Biere dürfen sich übrigens nicht hinter der Ausnahmeregelung verstecken – sie müssen immer eine Zutatenliste tragen.

Milchprodukte und Käse

Auch Käse und Milchprodukte irritieren Kunden, denn auf diesen Produkten fehlt das Zutatenverzeichnis oftmals komplett oder es weist nur einige unbedeutende Zutaten aus.

Laut Käseverordnung müssen die für die Herstellung des Käses notwendigen Milchinhaltsstoffe, Enzyme und Mikroorganismenkulturen nicht in der Zutatenliste aufgeführt werden. Auch das verwendete Speisesalz ist nur bei Frischkäse und Erzeugnissen aus Käse kennzeichnungspflichtig.

sterkäse, der in aller Ruhe in unseren einen aromatisch-cremigen Geschmack Bon Appétit!

Halbfester Schnittkäse aus pasteurisierter Kuhmilch, 50% Fett i.Tr.
Weitere Zutaten: Konservierungsstoffe: Lysozym (aus Eiklar), Natamycin in der Rinde; Farbstoff: Annatto.
Unter Schutzatmosphäre verpackt.
Empfehlung: Rinde vor dem Verzehr entfernen.
Kann Spuren von Ziegenmilch enthalten.

✉ **Ihre Meinung ist uns wichtig!**
Saint Albray, Postfach 1627, 65006 Wiesbaden
saintalbray@ich-liebe-kaese.de
Saint Albray, Postfach 49, 1042 Wien
www.kaesefreunde.at

150g ℮

Beispiel für eine Zutatenliste auf Käse; Stand: 11/2011

Statt der üblichen Angabe der „Zutaten" erfolgt deshalb je nach Käsesorte der Hinweis „Weitere Zutaten". Hier werden zum Beispiel Gewürze und Zusatzstoffe wie Farbstoffe oder Konservierungsstoffe genannt.

Enthält ein Käse keine weiteren Zutaten – besteht er also nur aus den notwendigen Milchinhaltsstoffen, Enzymen, Mikroorganismen und Salz –, so entfällt das Zutatenverzeichnis.

Genauso sieht es bei Produkten aus Sauermilch, Joghurt, Kefir, Buttermilch und Sahne aus. Auch die Verordnung über Milcherzeugnisse sieht nur eine Liste der „weiteren Zutaten" vor, wenn Produkte zusätzlich zu den für die Herstellung notwendigen Milchinhaltsstoffen, Enzymen und Mikroorganismenkulturen noch andere Bestandteile enthalten.

Diese Ausnahmeregelungen schaffen nur Verwirrung und sind nicht nachvollziehbar. Sie gehören abgeschafft.

Keine Fertigpackung

Die Lebensmittelkennzeichnungsverordnung gilt nur für Fertigpackungen. Bei unverpackt verkauften Waren vom Bäcker, Fleischer, an Bedienungstheken und Marktständen fehlt nicht nur die Zutatenliste. Auch andere Kennzeichnungen sind nicht verpflichtend, die auf Fertigpackungen selbstverständlich sind.

In manchen Läden liegt ein Ordner aus oder er wird auf Wunsch zur Einsicht gegeben. Dort sind die Zutaten der einzelnen Produkte aufgeführt. Das ist aber ein freiwilliger Service, keine Verpflichtung.

Die Kennzeichnungsregelungen für unverpackte Lebensmittel finden Sie ab Seite 184.

[] Tipp

Wenn Sie sich für die Zutaten von Brot, Fleisch oder anderen lose verkauften Lebensmitteln interessieren, fragen Sie das Personal an der Theke. Vielfach gibt es Ordner mit Informationen darüber, die aber nur auf Wunsch aus dem Regal gezogen werden. Und wenn es solche Informationen noch nicht gibt, haben Sie zumindest Ihr Interesse daran bekundet. Wenn viele Kunden diesen Wunsch äußern, hält der Anbieter vermutlich bald auch entsprechendes Informationsmaterial bereit.

Ungenaue Angaben

Reicht es Ihnen, wenn „Öl, pflanzlich", „Fisch" oder „Käse" in der Zutatenliste steht? Viele Verbraucher wollen es genauer wissen und ärgern sich über diese „Klassennamen". Bei einer Reihe von Zutaten sind sie aber zulässig. Vor allem die Folgenden halten die Verbraucherzentralen für zu pauschal.

Zugelassene Klassennamen laut Lebensmittelkennzeichnungsverordnung

Klassenname	Wofür?
Öl, pflanzlich *oder* Öl, tierisch	raffinierte Öle, ausgenommen Olivenöl
Fett, pflanzlich *oder* Fett, tierisch	raffinierte Fette
Fisch	Fisch aller Art, wenn Bezeichnung oder Aufmachung sich nicht auf eine bestimmte Fischart beziehen
Käse	Käse oder Käsemischungen aller Art, wenn Bezeichnung oder Aufmachung sich nicht auf eine bestimmte Käsesorte beziehen
Gewürz(e) *oder* Gewürzmischung	Gewürze jeder Art, sofern sie insgesamt nicht mehr als zwei Gewichtsprozent des Lebensmittels betragen
Kräuter *oder* Kräutermischung	Kräuter oder Kräuterteile jeder Art, sofern sie insgesamt nicht mehr als zwei Gewichtsprozent des Lebensmittels betragen
Wein	Wein jeder Art im Sinne der Vorschriften der Europäischen Union

Auch die neue EU-Lebensmittelinformationsverordnung sieht diese Klassennamen vor. Allerdings muss zukünftig bei Pflanzenölen und -fetten die botanische Herkunft genannt werden, beispielsweise „Sonnenblumenöl" oder „Rapsöl".

Haupt-Allergene sind erkennbar

Auch wenn die Zutatenliste fehlen darf oder Klassenbezeichnungen für Zutaten verwendet werden, erfahren Sie als Käufer, wenn eines der folgenden Hauptallergene im Lebensmittel vorkommt:

- glutenhaltiges Getreide (Weizen, Roggen, Gerste, Hafer, Dinkel, Kamut oder Hybridstämme davon)
- Krebstiere
- Eier
- Fisch
- Erdnüsse
- Soja
- Milch und Milchprodukte (einschließlich Laktose)
- Schalenfrüchte (Mandel, Haselnuss, Walnuss, Cashew, Pecannuss, Paranuss, Pistazie, Macadamianuss und Queenslandnuss)
- Sellerie
- Senf
- Sesamsamen
- Schwefeldioxid und Sulfite in einer Konzentration von mehr als 10 mg/kg oder 10mg/l
- Lupinen
- Weichtiere

Beispiel für eine Kennzeichnung der Haupt-Allergene: Milch, Weizen

Zutaten: Pflanzliches Öl, modifizierte Stärke, Jodsalz, pflanzliches Öl (gehärtet), Milchzucker, Milcheiweißerzeugnis, Zwiebeln, Gewürzextrakt, Hefeextrakt, pflanzliches Eiweiß, biologisch aufgeschlossen (Weizeneiweiß, Salz).

Diese Zutaten sind für 90 Prozent aller Lebensmittelun-
verträglichkeiten verantwortlich und deshalb grundsätzlich kennzeichnungspflichtig. Auch wenn sie gar
nicht als Zutat, sondern als Verarbeitungshilfsstoffe,
Trägerstoffe für Zusatzstoffe oder Aromen oder als Lösungsmittel zum Einsatz kommen, müssen sie genannt
werden, sofern sie nicht aus der Verkehrsbezeichnung
hervorgehen. Bei „Eierlikör" und „Frischkäse" ergeben
sich die Hauptallergene „Ei" und „Milch" zum Beispiel
direkt aus der Bezeichnung. Andere Allergene werden in
der Zutatenliste genannt, zum Beispiel „Kräuter (Sellerie)", „Stärke (Weizen)" oder „Emulgator Sojalecithin".
Wenn das verpackte Lebensmittel keine Zutatenliste
aufweist, erfolgt dennoch ein Hinweis „enthält...".

Bei loser Ware ist dieser Hinweis bisher nicht verpflichtend (siehe Seite 187). Die neue EU-Lebensmittelinformationsverordnung sieht ihn aber auch dort vor. Ab
dem 13. Dezember 2014 finden Sie Informationen über
Allergene auch beim Bäcker, an der Fleischtheke und
bei sonstigem Verkauf von unverpackten Lebensmitteln.

Hinweis: „Kann Spuren enthalten"

Die Allergenkennzeichnung bezieht sich ausschließlich
auf Bestandteile, die absichtlich bei der Lebensmittelproduktion eingesetzt wurden. Für unbeabsichtigte
Verunreinigungen mit Allergenen gibt es keine Kennzeichnungspflicht.

Viele Hersteller geben aber freiwillig Hinweise
wie „Kann Spuren von Nüssen enthalten". Denn
wenn beispielsweise in einer Produktionsstätte
von Süßwaren unter anderem Nüsse eingesetzt
werden, können Spuren davon auch in Lebensmittel gelangen, die rezepturgemäß ohne Nüsse

Kann Spuren von Gluten,
Schalenfrüchten, Soja und
Erdnüssen enthalten.
Trocken lagern.
Vor Wärme schützen.

zubereitet werden – zum Beispiel in die Vollmilchschokolade. Wenn eine Firma darauf hinweist, schützt sie
sich vor Haftungsansprüchen.

Da diese Angaben freiwillig sind, können vergleichbare
Produkte, die keinen Hinweis enthalten, also trotzdem
Verunreinigungen mit Allergenen aufweisen. Umgekehrt wird als Vorsichtsmaßnahme manchmal eine
lange Liste möglicher Allergenspuren aufgeführt, die
deshalb nicht zwangsläufig enthalten sein müssen.
Solche „Allergen-Listen" schränken wiederum Allergiker beim Einkauf unnötig ein und sind deshalb auch
nicht wünschenswert.

Klar und praxistauglich ist die „Spurenkennzeichnung"
daher nicht. Die Kennzeichnung sollte rechtlich geregelt werden, damit sie für Verbraucher eine verlässliche Informationsquelle darstellt.

Das fordern die Verbraucherzentralen

- Zutatenlisten gehören auf jedes Lebensmittel. Ausnahmeregelungen sollten abgeschafft werden!
- Außerdem sollten Zutaten sich nicht hinter Klassenbezeichnungen verstecken können, sondern klar
  benannt werden!
- Allergiker benötigen verlässliche Informationen,
  auch bei unbeabsichtigtem Eintrag von Allergenen.

Luftnummern – von Mogelpackungen und Füllmengen

Wer hat sich nicht schon mal geärgert, wenn es für den angegebenen Preis weniger Inhalt gab, als die Verpackung versprach? Meldungen über zu wenig Verpackungsinhalt bei Lebensmitteln gehören zu den häufigsten Produktbeschwerden, die in den Verbraucherzentralen landen: Zum einen ist es „zu viel Luft" – die Verpackung ist viel größer als ihr Inhalt. Zum anderen ist es die aufgedruckte Füllmengenangabe, die beim Nachwiegen mit der eigenen Küchenwaage nicht mit dem tatsächlichen Inhalt übereinstimmt.

Mogelpackungen – zu viel Luft nach oben

Es ist schon ärgerlich, wenn Sie nach Ihrem Einkauf die Verpackung eines Lebensmittels öffnen – und den Inhalt erst mal suchen müssen. Um mehr Füllmenge vorzugaukeln, umgeben die Hersteller ihre Produkte gerne mit unverhältnismäßig viel Luft, operieren mit doppelten Böden, großen Deckeln, dicken Wandungen oder schlicht überdimensionierten Umkartons.

Auch ein Hinweis wie „Füllhöhe technisch bedingt" kann einen genervten Kunden kaum besänftigen – er fühlt sich einfach übers Ohr gehauen. So meldeten Verbraucher beispielsweise diese Lebensmittelverpackungen:

■ Die Osterhäschen von Lindt *(Goldhase)* stehen in der Verpackung auf einem von außen unsichtbaren „Podest", dadurch wirken sie deutlich größer als sie sind.

Stand: 04/2013

■ In der Teeschachtel von Shoti Maa hätten gut und gerne noch fünf weitere Teebeutel *Joyful Silence* Platz.

linkes Bild:
Stand: 04/2013;
rechtes Bild:
Stand: 03/2013

■ Die Dose *Crème Cappuccino* von Krüger ist nicht annähernd gefüllt.

Doch es gibt da aus Verbraucherschutzsicht ein Problem: Nicht jede übergroße Verpackung ist verboten. Zwar untersagen sowohl das Eichgesetz als auch das Lebensmittelrecht den Herstellern, Fertigpackungen mit irreführender Aufmachung über die enthaltene

Menge anzubieten. Das Gesetz enthält aber keine konkreten Regelungen, in welchem Verhältnis Inhalt und
Verpackungsgröße zueinander stehen dürfen. In der
Beratungspraxis geht man meist von einer Täuschung
des Kunden aus, wenn der Freiraum in einer Verpackung mehr als 30 Prozent beträgt.

Aber auch für diese Faustregel gibt es wieder Ein-
schränkungen: Sie gilt nicht, wenn die Kundschaft
mit einer übergroßen Verpackung rechnen muss, zum
Beispiel bei Pralinenpackungen. Diese werden als Lu-
xusartikel angesehen, bei denen größere Hohlräume
toleriert werden, da Konfekt häufig durch Einsätze
in der Verpackung vor Druck geschützt und optisch
attraktiv präsentiert wird. Es darf entsprechend einer
Richtlinie so verpackt sein, dass das Volumen der
Verpackung sechsmal so groß ist wie das Gewicht der
Praline! Wiegt das einzelne Konfektstück 10 Gramm,
darf es von einer bis zu 60 Milliliter großen Verpackung
umgeben sein.

Wenn Pralinen in einer klassischen Präsentpackung
tatsächlich dekorativ angeordnet sind, lassen Sie sich
das als Kunde viel-
leicht gefallen. Ersetzt
aber eine einfache
Pappschachtel die
dekorative Pralinen-
verpackung, handelt
es sich nach dieser
Regelung eindeutig
um eine „Luftnum-
mer". Das sieht dann
etwa so aus wie bei
den *Organic Truffles*
(siehe Abbildung
rechts).

Stand: 03/2013

Besteht der Verdacht, dass es sich um eine Mogelpackung handelt, muss im Einzelfall geprüft werden,
ob die Verpackung im rechtlichen Sinn als täuschend
einzustufen ist. Für diese Prüfungen sind die Eichämter
zuständig.

[] Tipp

Auch wenn keine echte Mogelpackung vorliegt:
Machen Sie Ihrem Ärger Luft! Beschweren Sie sich
beim Hersteller! Er soll wissen, dass er einen Kunden
vergrault hat (siehe Seite 192 ff.).
Besonders dreiste Fälle können Sie der Stiftung Wa-
rentest melden (test@stiftung-warentest.de). In den
Test-Heften werden regelmäßig Beschwerden über
Mogelpackungen veröffentlicht.
Oder Sie wenden sich an die für Ihr Bundesland zu-
ständige Eichbehörde (www.eichamt.de). Sie prüft bei
Ihrer Beschwerde, ob eine unzulässige Mogelpackung
vorliegt.

Weniger drin als draufsteht

Die Füllmenge ist eine Pflichtangabe auf Lebensmittelverpackungen, damit Sie erfahren, wie viel Inhalt Sie
für ihr Geld bekommen. Wie zahlreiche Anfragen an die
Verbraucherzentrale zeigen, gehen Käufer dabei aber
häufig von einer falschen Annahme aus: Sie sehen die
angegebene Menge als verbindliche Zusage über den
Inhalt an. Das ist naheliegend, denn der Kunde zahlt
schließlich auch exakt – und nicht nur ungefähr – den
angegebenen Preis.

Rechtlich sieht die Sache jedoch mal wieder anders
aus: Hier wird die sogenannte **Nennfüllmenge**, die

auf der Verpackung angegeben ist, von der Füllmenge
unterschieden, die tatsächlich in einer Verpackung
steckt. Die Nennfüllmenge ist bei fertig verpackten
Lebensmitteln keine Garantie dafür, dass eine Verpackung genau diese angegebene Menge enthält. Innerhalb eines bestimmten Toleranzbereichs darf die Füllmenge nach unten und nach oben abweichen. Denn
laut der Fertigpackungsverordnung gilt für Fertigpackungen mit gleicher Nennfüllmenge das sogenannte
Mittelwertprinzip. Es besagt, dass die Nennfüllmenge
einer Charge zwar im Durchschnitt nicht unterschritten
werden darf, Abweichungen bei den einzelnen Verpackungen sind aber zulässig. In der Praxis heißt das
zum Beispiel: Tüten, die mit weniger Mehl unterfüllt
sind, sollen innerhalb eines Abfüllvorgangs durch eine
entsprechende Menge überfüllter Mehltüten wieder
ausgeglichen werden. Wie groß diese Abweichungen
sein dürfen, zeigt die Übersicht:

Nennfüllmenge in Gramm (g) oder Milliliter (ml)	Zulässige Minusabweichungen*	
	in %	in g oder ml
5 bis 50	9	–
50 bis 100	–	4,5
100 bis 200	4,5	–
200 bis 300	–	9
300 bis 500	3	–
500 bis 1000	–	15
1.000 bis 10.000	1,5	–

(* Fertigpackungsverordnung)

Bei einem Paket Kaffee mit einer Nennfüllmenge von
500 Gramm dürfte die Abweichung also bis drei Prozent betragen, das entspricht 15 Gramm.

Im Einzelfall – bei höchstens zwei Prozent der Produkte einer Charge – darf die Abweichung sogar bis maximal das Doppelte der in der Tabelle angegebenen Minusabweichung betragen.

Unverpacktes Brot muss ab einer Größe von 250 Gramm nach Gewicht verkauft werden. Die tolerierte Abweichung vom angegebenen Gewicht liegt doppelt so hoch wie bei den Fertigpackungen. Dabei gilt das Gewicht zum Zeitpunkt der Herstellung. Wenn das Brot nach der Herstellung austrocknet, kann es etwas an Gewicht verlieren. Das ist normal. Ein Brot, das ein Kilogramm wiegen soll, darf also nach der Herstellung auch 970 Gramm wiegen (2 mal 15 Gramm weniger) – immer vorausgesetzt, die Brote sind durchschnittlich tatsächlich ein Kilogramm schwer, dadurch dass es auch entsprechend viele Brote gibt, die mehr als ein Kilogramm auf die Waage bringen.

Rechtliche Details zur Nennfüllmenge

Die Nennfüllmenge wird bei flüssigen Lebensmitteln in der Regel nach Volumen (in Liter oder Milliliter), bei allen anderen Lebensmitteln nach Gewicht (in Gramm oder Milligramm) angegeben. Nur bei wenigen Lebensmitteln darf die Angabe des Verpackungsinhaltes in Stück erfolgen.

Für einige Lebensmittelgruppen gibt es spezielle Regelungen. Hier die wichtigsten:

■ Bei Milcherzeugnissen wie Joghurt oder Sauermilch wird die Füllmenge in Gewicht, aber bei Milchmischgetränken in Volumen (Liter, Milliliter) angegeben. Bei Buttermilcherzeugnissen ist beides möglich.

- Bei Speiseeis wird die Füllmenge ebenfalls in Volumen angegeben.
- Bei Fertigpackungen mit konzentrierten Suppen, Brühen, Braten-, Würz- und Salatsoßen steht auf der Verpackung die Menge der verzehrfertigen Zubereitung in Volumen. Auf einer Gemüsebrühe steht beispielsweise: „ergibt 12,5 Liter = 50 Teller" – einschließlich der empfohlenen Flüssigkeitsmenge.
- Bei Fertigpackungen mit Puddingpulver, Trockenerzeugnissen für Pürees, Klöße und ähnliche Beilagen wird die Menge der Flüssigkeit benannt, die zur Zubereitung erforderlich ist, Beispiel Puddingpulver: „für 500 ml Milch".
- Die Stückzahl darf zum Beispiel bei Zitronen, Avocados, Backoblaten, Kaugummi und Süßstofftabletten genannt werden.
- Bei festen Lebensmitteln in einer Aufgussflüssigkeit, zum Beispiel Gewürzgurken oder Erbsen in der Dose, ist neben der gesamten Füllmenge auch das Abtropfgewicht dieses Lebensmittels anzugeben, das übrig bleibt, wenn die Flüssigkeit abgegossen wurde.

Keine Füllmengenangabe ist beispielsweise erforderlich für abgepacktes Brot mit einem Gewicht von weniger als 250 Gramm und Speiseeis-Fertigpackungen mit einer Füllmenge bis zu 200 Milliliter.

Ob und in welchem Ausmaß tatsächlich eine unzulässige Unterfüllung vorliegt, können Sie mit Ihrer haushaltsüblichen (zu ungenauen!) Waage bloß grob schätzen. Nur das Eichamt kann ermitteln, ob eine Füllmenge zu beanstanden ist. Für alle Reklamationen, die zu gering befüllte Verpackungen betreffen, wenden Sie sich deshalb an die örtliche Eichbehörde (siehe Seite 198).

Vorsicht: versteckte Preiserhöhung!

Preiserhöhungen stoßen bei der Kundschaft nicht auf Begeisterung. Daher wenden Lebensmittelanbieter gerne einen Trick an, wie sie Käufer unbemerkt stärker zur Kasse bitten können: Sie verringern die Füllmengen, reduzieren aber im gleichen Zuge keineswegs den Preis. In der Food-Branche ist diese Strategie unter dem Begriff „Downsizing" bekannt. Wir nennen sie **versteckte Preiserhöhung.**

So stecken beispielsweise in der Tüte der *Vivil Multivitamin Waldfrucht Bonbons* plötzlich nicht mehr 100, sondern nur noch 80 Gramm Bonbons.

Der *Fruit Snack Beere + Kirsche* der Firma Farmer's Snack wurde von 200 auf 150 Gramm geschrumpft. Die Milka-Schokoladensorte *Alpenmilchschokolade & TUC Cracker* bringt bei gleichem Preis wie andere Sorten nur noch 87 Gramm auf die Waage.

100-Gramm (oben) und 87-Gramm-Tafel (unten); Stand: 03/2013

Ein Gesetzesverstoß liegt bei der versteckten Preiserhöhung meist erst dann vor, wenn der Hersteller bei identischer Verpackungsgröße und unverändertem Verpackungsdesign die Füllmenge ohne einen Hinweis unmerklich reduziert hat. Dieser Hinweis kann sich aber auch völlig „sachfremd" auf angebliche Qualitätsunterschiede beziehen.

Um die faktische Preiserhöhung zu verschleiern, benutzen Hersteller dann gerne lapidare Hinweise wie „neue Rezeptur" oder „bessere Qualität". Oder sie führen eine neue Sorte ein, die dann auch den Auftakt zur „Schwindsucht" bei den schon bekannten Sorten bieten kann. Ob eine indirekte Preiserhöhung rechtswidrig ist, muss daher immer im Einzelfall geprüft werden.

Eine Steilvorlage für versteckte Preiserhöhungen lieferte die Europäische Union der Food-Branche im April 2009, als sie feste Verpackungsgrößen für viele Lebensmittel abschaffte. Seitdem können Lebensmittelhersteller selbst entscheiden, in welcher Größe sie Fertigpackungen anbieten wollen: Eine Tafel Schokolade muss nicht mehr 100 Gramm wiegen, das vertraute Stück Butter keine 250 Gramm und Milch nicht mehr in der Ein-Liter-Packung im Regal stehen.

[] **Tipp**

Kommt ein Produkt im neuen Design daher, wird eine verbesserte Qualität beworben oder einen neue Sorte eingeführt, sollten sie misstrauisch sein und auf die Füllmenge achten. Wenn Sie erst zu Hause bemerken, dass in der „alten" Verpackung im Vorratsschrank bei gleichem Preis mehr Inhalt steckt, können Sie beide fotografieren und die Fotos an die Verbraucherzentrale Hamburg (ernaehrung@vzhh.de) schicken. Ihr Fund wird dort in einer Liste ver öffentlicht. Die Liste aller gemeldeten „geschrumpften" Verpackungen finden Sie auf der Internetseite der Verbraucherzentrale Hamburg unter www.vzhh.de beim Thema „Ernährung + Lebensmittel".
Beim Preisvergleich von Produkten mit unterschiedlicher Füllmenge ist die Grundpreisangabe hilfreich (siehe Seite 187).

Tappen im Dunkeln: Kauf loser Lebensmittel

Solange Sie Lebensmittel fertig verpackt aus dem Supermarktregal wählen, sind Sie in Sachen Produktinformationen mit der vorgeschriebenen Kennzeichnung noch relativ gut bedient. Vielleicht kaufen Sie aber gerne ihr Brot beim Bäcker um die Ecke, frisches Fleisch und Wurst an der Fleischtheke, Käse am Stück im Käseladen, Antipasti am Marktstand und Eis in der Eisdiele. Viele, die auf eine gute Produktqualität achten, bevorzugen „frische Lebensmittel" von den Bedienungstheken und sind auch bereit, dafür einen höheren Preis zu zahlen. Ob diese Einkaufsquellen aber tatsächlich eine bessere Qualität bieten, lässt sich für die Kundschaft kaum beurteilen und überprüfen. Hier ist Vertrauen gefragt und es hilft nur Nachfragen beim Verkäufer, denn bei lose verkauften Lebensmitteln bleiben die Informationen wegen lückenhafter Kennzeichnungsregeln größtenteils auf der Strecke.

Der Gesetzgeber geht davon aus, dass Ihnen das Personal hinter der Theke über die Zusammensetzung, Qualitätseigenschaften und Herkunft der angebotenen Lebensmittel Auskunft geben kann. Dabei können Sie aber Schiffbruch erleiden, denn Fachverkäufer und Fachverkäuferinnen sind hierzulande oft dünn gesät. Ungelernte Kräfte und Aushilfen kosten ein Unternehmen meist weniger. So können Sie in Bäckereien manchmal schon von Glück reden, wenn die Bedienung den Unterschied zwischen „Mehrkorn" und „Vollkorn" kennt oder über die Herstellungsverfahren der angebotenen Backwaren wie die Sauerteigführung Auskunft geben kann.

Besitzt die – oftmals höherpreisige – lose Ware nicht die erhoffte Qualität, sind Ärger und Enttäuschung umso größer. So meldete sich ein Käufer bei der Verbraucherzentrale, der regelmäßig Rote Grütze mit Vanillesoße an einem kleinen Stand auf einem Wochenmarkt kaufte. Er ging davon aus, dass das Produkt vom Anbieter selbst hergestellt wurde. Eines Tages sah er, dass beides lediglich aus Plastikeimern mit einer anderen Firmenaufschrift in Portionsdöschen zum Sofortverzehr abgefüllt wurde. Kennzeichnung: Fehlanzeige. Zu beanstanden ist das jedoch nicht, denn für Produkte, für die die Lebensmittelkennzeichnungsverordnung **nicht** gilt, bestehen nur wenige Kennzeichnungsregelungen.

Zusatzstoffe und Behandlungsverfahren

Zusatzstoffe oder bestimmte Behandlungsverfahren müssen auch bei unverpackten Lebensmitteln angegeben werden. Hierfür gibt es für den Anbieter grundsätzlich zwei Möglichkeiten:

- Händler können eine umfassende Kennzeichnung wählen. In Form eines allgemein zugänglichen Buches, Ordners oder Aushangs müssen sie dann sämtliche Zusatzstoffe auflisten. Sie sind verpflichtet, an der Ware selbst oder durch einen Aushang auf dieses Verzeichnis hinzuweisen.
- Wählt der Händler stattdessen ein Schild an der Ware, muss er nur einige bestimmte Zusatzstoffe und Behandlungsverfahren deklarieren. Auch muss er die Zusatzstoffe dann überwiegend nicht exakt benennen, es reicht hier meist ein Klassenname wie zum Beispiel „Farbstoff" oder „Konservierungsstoff". Unklar bleibt dabei zum Beispiel, welcher Farbstoff oder Konservierungsstoff eingesetzt wurde.

Lediglich eine geringe Anzahl bestimmter Substanzen ist ausdrücklich zu benennen.

Zusatzstoffe in loser Ware: Nur wenige müssen explizit genannt werden

Über diese Zusatzstoffe müssen Sie in festgelegtem Wortlaut bei loser Ware und auch in Kantinen und in der Gastronomie informiert werden:

- „mit Farbstoff"
- „mit Konservierungsstoff" oder „konserviert"; Nitritpökelsalz und Nitrat können als solche genannt werden, verpflichtend ist das jedoch nicht
- „mit Antioxidationsmittel"
- „mit Geschmacksverstärker"
- „geschwefelt": zum Beispiel bei Trockenfrüchten, die mit Schwefel behandelt wurden
- „geschwärzt": für Oliven, die mit Eisenverbindungen geschwärzt wurden
- „gewachst": Südfrüchte oder Äpfel, deren Schale mit Wachsen behandelt wurde
- „mit Phosphat" bei Fleischerzeugnissen, bei denen Phosphate als Zusatzstoff verwendet wurden
- „mit Süßungsmittel(n)"; für Lebensmittel, die Süßstoffe und/oder Zuckeraustauschstoffe enthalten.
- „kann bei übermäßigem Verzehr abführend wirken" bei einigen Zuckeraustauschstoffen
- „enthält eine Phenylalaninquelle" bei Lebensmitteln, denen der Süßstoff Aspartam zugesetzt wurde.

Die Zusatzstoffe müssen auf einem Schild an der Ware stehen. Im Versandhandel sowie bei Lieferdiensten müssen sie auf den Angebotslisten gekennzeichnet sein und in der Gastronomie und Gemeinschaftsverpflegung in Speise- und Getränkekarten, auf Preisli-

sten, in Aushängen oder in einer schriftlichen Mittei-
lung aufgeführt werden.

Pasta-Spezialitäten

Wählen Sie Ihre Lieblingnudel mit Käse überbacken Aufpreis 1,- €
1=Spaghetti, 2= Rigatoni, 3= Tortellini, 4= Gnocchi, 5= Tagliatelle

40	Napoli Tomatensauce	6,00
41	Bolognese Hackfleischsauce, Parmesankäse	6,50
42	Carbonara Sahnesauce, Speck, Ei	6,50
43	Al Pesto mit Basilikumsauce	6,50
44	Gorgonzola Sahnesauce, Gorgonzola	7,00
45	Marinara Knoblauch, Tomatensauce, Meeresfrüchte	7,50
46	"Super" Hackfleischsauce, Vorderschinken*, Erbsen, Champignons, Sahne(1,2,3)	7,50
47	Quattro Formaggi Sahnesauce, Edamer, Mozzarella, Gorgonzola, Schafskäse	7,50

1 = mit Farbstoff. 2 = mit Antioxidationsmittel 3 = mit Geschmacksverstärker E 621

Allergene

Die wichtigsten Allergene (siehe Seite 172) sind bei
loser Ware zurzeit nicht kennzeichnungspflichtig. Das
wird sich aber zukünftig ändern: Die EU-Lebensmittelinformationsverordnung schreibt Hinweise auf Allergene ab Dezember 2014 EU-weit auch für unverpackter
Ware vor. Die Art und Weise dieser Information ist zurzeit aber noch nicht geregelt.

Grundpreis

Die Angabe des Grundpreises ist vorgeschrieben, sobald Lebensmittel nach Gewicht oder nach Volumen
angeboten werden und ein Preis benannt wird. Das
trifft nicht nur für verpackte Waren und Lebensmittel
an der Bedienungstheke zu, sondern auch beispielsweise für Angebote im Onlineshop, Preislisten von
Tiefkühlkost-Lieferdiensten und für Werbeblätter und
-anzeigen.

Der Grundpreis ist ein wichtiges Hilfsmittel, wenn es darum geht, die Preise verschiedener Produkte – mit unterschiedlicher Füllmenge – innerhalb einer Produktgruppe miteinander zu vergleichen. So können Sie anhand der Grundpreisangabe zum Beispiel schnell erkennen, ob die losen Möhren in der Gemüsekiste oder die fertigverpackten in der 750-Gramm-Packung pro Kilogramm günstiger sind.

Beispiel für eine Grundpreisangabe in einer Werbung für Gemüse

Niederlande/
Deutschland:
**Champignons
weiß**
Kl. I,
(1 kg = 2.71)
550-g-Schale

1 49
AKTIONSPREIS!

Der Grundpreis ist zusätzlich zum Endpreis in der Regel am Verkaufsregal ausgezeichnet. Er soll gut lesbar und in unmittelbarer Nähe des Endpreises auf dem Preisschild angebracht sein. Käufer sollen ihn mit einem Blick wahrnehmen können. Im Normalfall wird der Grundpreis pro Kilogramm oder Liter angegeben, bei kleineren Lebensmittelmengen bis zu 250 Gramm oder 250 Milliliter pro 100 Gramm oder 100 Milliliter.

So sollte eine Grundpreisangabe am Supermarkt-Regal aussehen

Kirschenliebe
**KAISERKIRSCHEN
ABTROPF-
GEWICHT 400G**
680g
2.19

4334011014111   15.02.2011

Preis pro 1 KG
5.48

Es gibt aber einige spezielle Regelungen: Bei Lebensmitteln in Aufgussflüssigkeit (zum Beispiel eingelegte
Gurken oder Erbsen in der Dose) wird für die Berech-
nung des Grundpreises nur das Abtropfgewicht berücksichtigt. Und bei Trockenprodukten wie Fertigsuppen oder Dessertpulver bezieht sich der Grundpreis
beispielsweise nicht auf den Inhalt des Päckchens,
sondern auf das mit der angegebenen Flüssigkeitsmenge fertig zubereitete Erzeugnis.

Kein Grundpreis ist erforderlich bei
- Waren, die üblicherweise als Stück verkauft werden,
  wie Brötchen oder Gurken,
- kleinen Produktmengen bis zu zehn Gramm oder
  zehn Milliliter,
- Artikeln aus Getränke- und Verpflegungsautomaten,
- Waren kleiner Direktvermarkter oder Einzelhändler
  oder
- wenn Grundpreis und Endpreis identisch sind (etwa
  ein Liter Milch).

Hilfreich kann aber nur ein Grundpreis sein, der korrekt angegeben ist. Die Verbraucherzentralen haben
im Sommer 2010 bundesweit die Grundpreisauszeich-
nung von 3.225 Lebensmitteln überprüft. Sie stellten
fest, dass in über der Hälfte der Fälle die Grundpreisangaben fehlten oder falsch berechnet waren.
Hier ist der Einzelhandel gefordert, Kennzeichnungsregelungen konsequenter umzusetzen. Die Lebensmittelüberwachung sollte dies verstärkt kontrollieren.

 Tipp

Fehlen die Grundpreisangaben auf den Preisschildern
an den Verkaufsregalen oder Bedienungstheken, können Sie sich bei der Marktleitung beschweren. Führt
das zu keinem Erfolg, verständigen Sie das zuständige
Ordnungsamt.

Gentechnik

Lebensmittel, die selbst ein gentechnisch veränderter Organismus (GVO) sind – zum Beispiel Maiskolben – und Zutaten, die direkt aus einem GVO stammen, zum Beispiel Maischips aus GV-Mais, sind auch auf loser Ware kennzeichnungspflichtig. Der Hinweis lautet „genetisch verändert" oder „aus genetisch verändertem ... hergestellt". Da Verbraucher in Deutschland Gentechnik für Lebensmittel überwiegend ablehnen, vermeiden Hersteller kennzeichnungspflichtige Produkte. Solche Ware – und damit auch die Gentechnik-Kennzeichnung auf verpackten und unverpackten Lebensmitteln – findet sich praktisch nicht im Handel.

Kennzeichnungslücke: Unsichtbare Gentechnik in Lebensmitteln

Zwar hat die Gentechnik bereits Einzug in die Lebensmittelherstellung gehalten – allerdings nur in Anwendungsbereichen, die nicht kennzeichnungspflichtig sind. Werden Nutztiere zum Beispiel mit gentechnisch hergestellten Futtermitteln gefüttert, so bleibt dies auf Fleisch, Milch und Eiern dieser Tiere ohne Kennzeichnung. Auch Zusatzstoffe und Enzyme, die mit Hilfe von gentechnisch veränderten Mikro-Organismen hergestellt wurden, können ohne Gentechnik-Kennzeichnung in Lebensmitteln eingesetzt werden. In diesen Bereichen müssen Sie in größerem Umfang mit Gentechnik rechnen, ohne dass Sie dies in irgendeiner Form erfahren.

Eine rühmliche Ausnahme ist die Biobranche: Sie hat sich grundsätzlich gegen Gentechnik in jeder Form ausgesprochen. Auch manche Hersteller konventioneller Lebensmittel verzichten auf die Anwendung von

Gentechnik. Sie können ihre Produkte dann mit dem „Ohne-Gentechnik"-Siegel bewerben.

Kennzeichnungen für bestimmte Lebensmittelgruppen

Für bestimmte Lebensmittelgruppen gelten weitere Kennzeichnungsvorschriften. So muss bei den meisten frischen Obst- und Gemüsearten das Ursprungsland angegeben werden. Auch für Rindfleisch ist eine Herkunftskennzeichnung erforderlich, und lose verkaufte Eier tragen – bis auf wenige Ausnahmen – einen Stempelcode (siehe Seite 89, 90). Koffeinhaltige Getränke müssen beispielsweise in Speisekarten als solche kenntlich gemacht sein. Kartoffeln müssen den Hinweis „nach der Ernte behandelt" tragen, wenn ein keimhemmendes Mittel angewendet wurde.

Trotz zahlreicher Einzelregelungen lässt die Information auf loser Ware insgesamt zu wünschen übrig.

[] Tipp

Wir wollen Ihnen keinesfalls dazu raten, alle Lebensmittel fertig abgepackt zu kaufen, nur um in den Genuss einer relativ vollständigen Kennzeichnung zu kommen. Allerdings sollten Sie das Verkaufspersonal konsequent mit Nachfragen löchern, wenn Sie etwas zur Zusammensetzung, Herstellung und Herkunft der Produkte wissen wollen. Händler sollten merken, dass es vorteilhaft für sie ist, wenn sie auf Wunsch umfassende Informationen zur Verfügung stellen können. Auch das ist ein Qualitätsmerkmal beim Einkauf.

Tierisch unklar: Kennzeichnung vegetarischer und veganer Lebensmittel

Vegetarier verzichten auf Fleisch und Fisch – genau genommen auf alle Lebensmittel und Zutaten, die vom getöteten Tier stammen. Die Motive für diese Entscheidung sind unterschiedlich. Viele wollen grundsätzlich nicht, dass Tiere für Ernährungszwecke getötet werden. Häufig lehnen Vegetarier auch die intensive Tierhaltung ab. Aber auch religiöse Gründe, die eigene Gesundheit, der Umweltschutz sowie Welternährungsprobleme können ausschlaggebend sein, wenn sich Menschen für eine vegetarische Ernährungsweise entscheiden.

Es gibt verschiedene Varianten vegetarischer Ernährungsformen. Sie richten sich danach, welche tierischen Lebensmittel – zusätzlich zu Bestandteilen vom getöteten Tier – ein Vegetarier ablehnt.

- **Ovo-Lakto-Vegetarier** essen Milch und Milcherzeugnisse, Eier und Eiprodukte. Mit etwa 60 Prozent sind sie die größte Gruppe der Vegetarier.
- **Lakto-Vegetarier** essen Mich und Milcherzeugnisse, aber keine Eier.
- **Ovo-Vegetarier** meiden Milch- und Milcherzeugnisse, essen aber Eier.
- **Veganer** verzichten konsequent auf alle Lebensmittel und -zutaten tierischer Herkunft, also auf Milch und Milcherzeugnisse, Eier, Honig, tierische Fette und andere Produkte vom Tier. Zum Teil ist nicht nur die Ernährung, sondern die gesamte Lebensweise vegan. Dann darf unter anderem auch die Kleidung

nicht vom Tier stammen – so wird auf Materialien wie Wolle, Seide und Leder verzichtet.

Die Anzahl der Menschen, die sich zum Teil, überwiegend oder rein pflanzlich ernähren wollen, steigt in Deutschland stetig an. Der Vegetarierbund Deutschland (VEBU) schätzt, dass mittlerweile rund acht bis neun Prozent der Bevölkerung in Deutschland Vegetarier sind – das sind immerhin rund sieben Millionen. Etwa 800.000 Menschen ernähren sich vegan.

Die Lebensmittelwirtschaft nimmt die zunehmende Anzahl an Vegetariern offenbar als wirtschaftlich bedeutende Kundengruppe wahr. Sie reagiert mit einem seit Jahren wachsenden Sortiment an Produkten, die sie als „vegan" oder „rein pflanzlich" anpreist. Was genau sich hinter diesen Angaben verbirgt, bleibt dabei aber häufig unklar, denn diese Begriffe sind rechtlich nicht geregelt.

Doch die vielen vegetarisch lebenden Menschen wollen nicht stundenlang vor den Regalen im Supermarkt verbringen und mit der Lupe das Kleingedruckte sichten. Nicht selten müssen sie sogar beim Hersteller nachfragen, wenn sie sichergehen wollen, dass beispielsweise Zusatzstoffe und Aromen nicht vom Tier stammen. Das ist im Alltag sehr mühsam und auf Dauer alles andere als praktikabel.

Die Probleme beginnen schon beim Einkauf der „klassischen" vegetarischen Lebensmittel. So ist Käse für Laktovegetarier oft die Alternative zu Wurst und Gemüsebrühe ersetzt die Rinderbouillon. Greift ein Vegetarier zu diesen Produkten, ohne die Zutatenliste zu studieren, kann er schon daneben liegen:

■ „Géramont mit Joghurt" sieht zwar aus wie ein klassischer Camembert, ist aber eine so genannte Käse-

Französische Weichkäsezubereitung aus pasteurisierter Kuhmilch
Weitere Zutaten: Joghurt (7,5 %), Speisesalz, Speisegelatine, Emulgator E471, natürliches Aroma, Joghurtkulturen, Farbstoff: Beta-Carotin.
Kann Spuren von Ziegenmilch enthalten.

Stand: 11/2013

zubereitung. Sie enthält Gelatine, die aus tierischem Bindegewebe stammt. Damit rechnen viele Vegetarier sicher nicht.

■ Der „Lacroix Gemüse-Fond" ist zumindest für die vegane Ernährung nicht geeignet. In der Zutatenliste verstecken sich Eiklar und Hühnereiweiß.

GEMÜSE FOND

Zutaten: Gemüsebrühe (Wasser, Karotten, Blumenkohl, Zwiebeln, Lauch, Tomaten, Paprika, Brokkoli, **Sellerie**), Salz, **Hühnereiweiß**, **Molkenpulver**, pflanzliche Öle (Sonnenblumenöl, **Sojaöl**), Aroma (enthält **Sellerie**), Speisewürze (enthält **Soja**), Gewürze (enthält **Sellerie**), Zucker, Palmfett, Dextrose, Hefeextrakt (enthält **Weizen**).

Stand: 11/2013

Leicht können diese Lebensmittel ungewollt im „vegetarischen Einkaufskorb" landen.

Die Zutatenliste: Nicht immer zuverlässig

Solange ein Produkt nicht als „vegetarisch" oder „vegan" beworben ist, müssen Verbraucher also prinzipiell mit Zutaten tierischen Ursprungs rechnen.

Aber selbst wenn Sie die Zutatenliste vollständig
lesen, haben Sie keine hundertprozentige Gewiss-
heit, dass ein Lebensmittel komplett ohne tierische
Bestandteile hergestellt wurde. Bei Zusatzstoffen,
Aromen und Vitaminzusätzen muss nämlich nicht angegeben sein, ob sie tierischer Herkunft sind.

So gingen beispielsweise vor einiger Zeit Berichte über
den Zusatzstoff L-Cystein durch die Presse, weil er aus
Haaren – auch aus Schweineborsten – und aus Federn
stammen kann. Er wird als Mehlbehandlungsmittel bei
der Herstellung von Brot eingesetzt.

Tierische Bestandteile können außerdem als Trägerstoffe und Lösungsmittel für Zusatzstoffe, Aromen
und Enzyme dienen, ohne dass Sie davon erfahren.
Ein Aromastoff besteht beispielsweise nur zu zehn bis
zwanzig Prozent aus aromatisierenden Bestandteilen.
Den Rest bilden weitere Zutaten wie Trägerstoffe oder
Lösungsmittel. Sie sind auf dem Lebensmittel, dem das
Aroma zugesetzt wurde, nicht angegeben, es sei denn,
es handelt sich um kennzeichnungspflichtige Allergene
(siehe Seite 170).

Auch so genannte Verarbeitungshilfsstoffe erkennen
Sie in der Zutatenliste nicht. Dabei handelt es sich um
Substanzen, die einem Lebensmittel bei der Verarbeitung zugesetzt wurden. Im fertig hergestellten Produkt
sind sie jedoch nicht mehr oder allenfalls in Spuren
vorhanden. So liefert die aus tierischem Bindegewebe
hergestellte Gelatine, die in Wein und Apfelsaft als
Klärungsmittel eingesetzt wird, in Vegetarierkreisen oft
Diskussionsstoff. Die Schwebstoffe im Saft bzw. Wein
verbinden sich mit der Gelatine, flocken aus und werden
zusammen mit dieser entfernt.

So mancher Fan von Fleischlosem sieht das vielleicht nicht so eng. Beschwerden und Anfragen an die Verbraucherzentralen zeigen aber: Zumindest ein Teil der Vegetarier möchte nicht, dass für die Produktion eines fleischfreien Lebensmittels Bestandteile vom getöteten Tier oder generell Zutaten tierischer Herkunft verwendet werden.

Hier fehlen wichtige Informationen zum Lebensmittel. Das zeigt auch eine repräsentative Verbraucherbefragung im Rahmen des Projektes Lebensmittelklarheit.de im Mai 2013: Fast ein Drittel der Befragten vermissten Angaben darüber, ob ein Lebensmittel für Vegetarier oder Veganer geeignet ist.

Angabe „rein pflanzlich" oder „vegan"

Hersteller und Handel kennzeichnen ihr wachsendes Sortiment an Vegetarischem zum Teil mit selbst gekürten „Veggi"-Labeln. Da es an einer verbindlichen Definition für die Begriffe „vegetarisch", „vegan" oder „rein pflanzlich" fehlt, entscheidet jeder Hersteller für sich selbst, was er unter dieser Bezeichnung versteht. Dadurch können Vegetarier häufig nicht sichergehen, dass auch bei den eingesetzten Zusatzstoffen, Aromen, Vitaminen und im Produktionsprozess auf Substanzen tierischer Herkunft verzichtet wurde.

Kritisches Nachfragen ist angebracht, das zeigen die Beispiele für falsche Produktkennzeichnung:

- Die Margarine „Becel classic" soll „rein pflanzlich" sein. Sie enthält aber Vitamin D, das laut Angaben des Herstellers aus Wollfett hergestellt wurde. Die Aussage „rein pflanzlich" ist somit schlichtweg falsch und das Produkt für strenge Veganer ungeeignet. Die Firma Unilever Deutschland gibt an, dass

Das Gute in Becel Classic:
✓ Reich an mehrfach ungesättigten Fettsäuren (Omega 3 & 6)
✓ Mindestens 60 % weniger gesättigte Fettsäuren als Halbfettbutter
✓ Mit einer Kombination aus Sonnenblumen-, Lein- und Rapsöl
✓ Frei von gehärteten Fetten
✓ Frei von Milchbestandteilen
✓ Rein pflanzlich
✓ Frei von Konservierungsstoffen
✓ Streng natriumarm
✓ Geeignet & bestimmt für Menschen mit erhöhtem Cholesterinspiegel

Fettreduziertes Diät-Streichfett 45 %
Zutaten: Trinkwasser, 39 % pflanzliches Öl, pflanzliches Fett, Emulgatoren (Mono- und Diglyceride von Speisefettsäuren, Lecithine), Speisesalz **(0,1 %)**, Aroma, Säuerungsmittel Citronensäure, Vitamine (E, A, D), Farbstoff Carotine.
Zum Braten nicht geeignet.

Stand: 10/2013

sich die Angabe nur auf die verwendeten Speisefette und -öle beziehen soll. Auf der Margarine ist das aber nicht ersichtlich.

■ Auch der „Bio-Burger" der Firma Berief ist als „rein pflanzlich" gekennzeichnet. Ein Verbraucher meldete das Produkt bei Lebensmittelklarheit.de, weil es laut Zutatenliste Eiklar enthielt. Inzwischen ist das nicht mehr der Fall – die Firma hat reagiert und die Rezeptur verändert.

ZUTATEN: Sojazubereitung* 58 % (Wasser, Sojamehl* 20 %), Zwiebeln*, Weizengluten*10 %, pflanzliches Öl*, Weizenstärke*, Senf* (Wasser, Senfmehl*, Branntweinessig*, Meersalz, Zucker*), Hefeextrakt, Eiklar*, Meersalz, Knoblauch*. *aus kontrolliert ökologischer Landwirtschaft

Stand: 11/2013

❗ Achtung

Angaben wie „rein pflanzlich" und „vegan" bieten
strengen Veganern keine „Reinheitsgarantie". Beispiele belegen, dass Hersteller Zusatzstoffe, Aromen,
Vitamine und Verarbeitungshilfsstoffe nicht immer
einbeziehen. Diese können dann trotzdem von Tieren
stammen bzw. nicht pflanzlichen Ursprungs sein.
Ob das so ist, können weder Verbraucher noch die
Verbraucherzentralen überprüfen. Dafür sind Laboruntersuchungen erforderlich wie sie die Lebensmittelüberwachung durchführt.
Wenn ein Hersteller Ihre Nachfrage nicht klar beantwortet, sollten Sie davon ausgehen, dass nicht alle
Bestandteile die angegebene Eigenschaft „vegan"
oder „rein pflanzlich" erfüllen. Verlass ist dagegen
auf das V-Label, das der Vegetarierbund Deutschland
vergibt. Er prüft die Produkte der Hersteller, die dieses
freiwillige Zeichen verwenden wollen.

Label „V" für vegetarische Produkte

Vor dem Hintergrund fehlender rechtlicher Regelungen
für vegetarische Produkte hat die Europäische Vegetarier Union (EVU) das Label „V" entwickelt. Das freiwillige Zeichen soll Vegetariern die Lebensmittelauswahl
europaweit erleichtern. Es steht auf Lebensmitteln,
deren Herstellung ohne Rohstoffe aus Tierkörpern
erfolgt, insbesondere ohne Fleisch, Gelatine, Knochen
und Schlachtfette. Sämtliche Zutaten und Verarbeitungshilfsstoffe werden dabei berücksichtigt.

Das Label „V" wird auf Antrag und nach vorheriger Prüfung vergeben. In Deutschland prüft der Vegetarierbund
Deutschland (VEBU) die Anträge der Hersteller und

Gut zu wissen

Käse ist – streng genommen – häufig nicht vegetarisch, denn er kann Lab aus dem Kälbermagen enthalten. Lab ist ein Gerinnungsenzym, das bei Käse zur Dicklegung der Milch dient. Das Enzym stammt nicht zwangsläufig vom Kalb, sondern kann auch mikrobiologisch hergestellt werden – mit Hilfe gezüchteter oder gentechnisch veränderter Mikroorganismen. Außerdem gibt es so genannte Labaustauschstoffe aus pflanzlichen Quellen.

Als Käufer erkennen Sie häufig nicht einmal, ob überhaupt Lab für den Käse verwendet wurde, denn es muss laut Käseverordnung nicht als Zutat gekennzeichnet sein (siehe Seite 167).

Die Herkunft des Enzyms – tierisch, pflanzlich oder mikrobiell – ist somit eine freiwillige Angabe. Auch der Einsatz gentechnisch veränderter Mikroorganismen bei der Labherstellung ist nicht kennzeichnungspflichtig (siehe Seite 188). Wenn nichts dazu auf der Verpackung steht, kann nur die Herstellerfirma weitere Auskünfte geben.

Österreichischer Hartkäse mit 45% Fett i.Tr., mit Rohmilch hergestellt (silofrei). Hergestellt mit mikrobiellem Labaustauschstoff. Unter Schutzatmosphäre verpackt. Hergestellt in Österreich für: Jermi Käsewerk, D-88463 Laupheim

Beispiel für eine freiwillige Lab-Kennzeichnung

verleiht das Siegel gegen eine Gebühr. Wer das Zeichen nutzen will, muss zuvor die Zusammensetzung seiner Produkte offen legen. Der VEBU führt zusätzlich im Verdachtsfall und stichprobenartig Betriebskontrollen und Laboruntersuchungen durch. Bei jeder Änderung der Zutaten muss neu geprüft werden.

Das V-Label existiert in vier Varianten, die der jeweiligen Vegetarier-Gruppe entsprechen:

- ovo-lakto-vegetarisch (mit Milch und Eiern)
- ovo-vegetarisch (mit Eiern, ohne Milchprodukte)

- lakto-vegetarisch (mit Milchprodukten, ohne Eier)
- vegan (ohne jegliche tierische Produkte)

Als zusätzliche Kriterien dürfen die verwendeten Eier nicht aus Käfighaltung stammen. Lebensmittel mit Zutaten, die als gentechnisch verändert gekennzeichnet werden müssen, erhalten ebenfalls kein V-Label.

Welche Produkte bereits das „V-Label" tragen, erfahren Sie auf der Website http://www.v-label.info/de/.

Rechtsvorschriften absehbar

Die Angaben „vegetarisch" und „vegan" auf Lebensmitteln sollen in Zukunft eindeutig werden. Die EU-Lebensmittelinformationsverordnung schreibt vor, dass ein „Durchführungsrechtsakt" die freiwillige Kennzeichnung von Lebensmitteln für Vegetarier zukünftig regeln soll.

Es gibt bereits etwas sperrig formulierte Vorschläge für die Definition von „vegetarisch" und „vegan":

- Definition vegetarisch: „Der Begriff ‚vegetarisch' ist nicht auf Lebensmittel anzuwenden, bei denen es sich um Erzeugnisse handelt oder die aus oder mithilfe von Erzeugnissen hergestellt werden, die aus verendeten, geschlachteten oder aufgrund ihres Verzehrs zu Tode gekommenen Tieren gewonnen wurden."
- Definition vegan: „Der Begriff ‚vegan' ist nicht auf Lebensmittel anzuwenden, bei denen es sich um Tiere oder tierische Erzeugnisse handelt oder die aus oder mithilfe von oder Tieren tierischen Erzeugnisse (einschließlich Erzeugnissen von lebenden Tieren) hergestellt wurden."

Das klingt ziemlich kompliziert – bedeutet aber im Wesentlichen: Durch die Formulierung „mithilfe von" sind auch die derzeit nicht kennzeichnungspflichtigen Verarbeitungshilfsstoffe berücksichtigt. Diese Vorschläge werden deshalb europaweit von den Vegetarier-Organisationen unterstützt.

Eine zeitliche Vorgabe für die Reglungen gibt es jedoch nicht. Wann die Definitionen rechtsverbindlich werden, ist deshalb zurzeit noch nicht abzusehen.

Das fordern die Verbraucherzentralen

- Klare Rechtsvorschriften für die Angaben „vegetarisch" und „vegan" sind überfällig. Der Gesetzgeber muss schnellstmöglich für eine transparente Kennzeichnung sorgen.

- Ein einheitliches, rechtlich verbindliches Siegel zur Kennzeichnung vegetarischer und veganer Lebensmittel analog zum EU-Bio-Siegel wäre eine geeignete Entscheidungshilfe beim Einkauf.

- In der Lebensmittelinformationsverordnung ist nur die Möglichkeit einer freiwilligen Kennzeichnung vorgesehen; es bleibt abzuwarten, ob sie sich durchsetzt. Solange sie nur vereinzelt auf Lebensmitteln zu finden ist, wird sie für den täglichen Einkauf kaum hilfreich sein.

- Solange es noch keine Rechtsvorschriften gibt, sollten Lebensmittelhersteller korrekt mit den Begriffen „vegan" und „rein pflanzlich" umgehen. Alle Bestandteile – auch Verarbeitungshilfsstoffe – müssen berücksichtigt werden!

Schlucken Sie Ihren Ärger nicht einfach runter!

Ungeziefer im Müsli, fehlender Grundpreis am Regal, weniger Inhalt zum gleichen Preis, das Einwickelpapier zum Salamipreis oder dreiste Werbelügen: Schlucken Sie nicht alles, was Ihnen Lebensmittelhersteller, Handel und Gastronomie so auftischen. Die Food-Branche darf wissen, dass sie es mit kritischen und anspruchsvollen Konsumenten zu tun hat und sich nicht alles erlauben kann.

Dabei ist es durchaus gut zu wissen, an wen Sie sich mit welcher Beschwerde wenden können. Für verschiedene Beschwerdegründe gibt es nämlich unterschiedliche Ansprechpartner und Institutionen. Wir stellen Ihnen deshalb die wichtigsten Adressaten für Ihren Frust vor und nennen Ihnen die Vor- und Nachteile des jeweiligen Weges.

Stellen Sie bei Beanstandungen so viele Informationen wie möglich zur Verfügung:

- Name und Packungsgröße des Produkts
- Name und Adresse des Herstellers oder der Handelskette
- Chargennummer des Produkts
- Mindesthaltbarkeitsdatum
- Datum und Ort des Kaufs; der Kassenbeleg ist ein wichtiger Nachweis
- Wenn Sie Qualitätsmängel feststellen, offensichtliche Verunreinigungen oder Fremdkörper finden: Lebensmittel aufbewahren, wenn nötig kühlen oder einfrieren und mit abgeben, zumindest aber ein Foto davon machen.

Reklamation beim Hersteller

Sie haben den Eindruck, dass bei einem Produkt, das Sie gut kennen, seit einiger Zeit qualitativ minderwertige Zutaten verwendet werden? Wirbt Ihr Lieblingsfrischkäse mit „neuer Rezeptur", aber die Zutatenliste verrät, dass eine Zutat nur durch eine andere, billigere ersetzt wurde? Vielleicht entdecken Sie auch, dass der Joghurtbecher statt der vermeintlichen 500 Gramm plötzlich nur noch 400 Gramm enthält, bei Produktverpackung und Preis aber alles beim Alten geblieben ist (siehe Seite 182). Über solche Ärgernisse sollten Sie den Hersteller in Kenntnis setzen und sich beschweren. Auch allzu dreiste Werbelügen müssen Sie nicht hinnehmen. Lassen Sie die Anbieter spüren, dass Sie sich nicht für dumm verkaufen lassen, und dass Sie solche Produkte ggf. nicht mehr kaufen werden. Wenn Sie hier kein Gehör finden, wenden Sie sich an Ihre Verbraucherzentrale (Adressen siehe Seite 220 f.).

[] **Tipp**

Bedenken Sie, dass alles, was Sie mit dem Hersteller direkt klären, in der Regel unter den Beteiligten bleibt. Sie erfahren nicht, ob der Hersteller den Mangel generell abstellt oder so weitermacht. Außerdem ist Ihr „Beweismittel" weg, da Sie die beanstandete Ware in der Regel einsenden müssen. Sie haben in diesem Fall keinen Rechtsanspruch auf Ersatz – den hätten Sie bei mangelhafter Ware gegenüber dem Händler.
In den meisten Fällen wird sich der Hersteller aber kulant zeigen – hauptsächlich um zu verhindern, dass Sie den Fall an die große Glocke hängen und ihm dabei möglicherweise einen Imageschaden bescheren. Der würde ihn nämlich erheblich teurer zu stehen kommen als eine großzügig bemessene Ersatzlieferung des von Ihnen beanstandeten Produkts, die dafür sorgt, dass Sie der Marke weiterhin gewogen bleiben.

Reklamation beim Händler oder im Laden

An den Händler oder Filialleiter am Einkaufsort sollten Sie sich wenden, wenn beispielsweise

- der Preis an der Kasse von der Angabe am Regal abweicht;
- die Präsentation der Waren ungepflegt wirkt, welkes oder angeschimmeltes Obst und Gemüse angeboten wird, die Kühltruhe vereist oder überfüllt ist;
- Sie Ware mit abgelaufenem Verbrauchsdatum oder verdorbene Ware im Laden oder in Ihrem Einkauf entdecken;
- die Grundpreisangabe am Regal fehlt;
- Sie feststellen, dass Ihnen beim Abwiegen loser Ware an der Bedientheke das Verpackungsmaterial zum Lebensmittelpreis mitberechnet wird.

[] Tipp

Es kann passieren, dass eine Orange im Netz angefault ist oder ein Grundpreis nicht korrekt angegeben wurde. Wenn Sie aber solche Waren immer wieder vorfinden oder Missstände wie Hygienemängel dauerhaft beobachten, ist dies mangelnde Sorgfalt und somit ein Fall für die Lebensmittelüberwachung. Denn auch beim Bereinigen der Beschwerde mit dem Händler gilt dasselbe wie beim Hersteller: Der Fall wird nicht publik gemacht, er hat keine Kontrollen zur Folge, und im ungünstigsten Fall ändert sich auch auf Dauer nichts.

Lebensmittelüberwachung: Dafür ist sie zuständig

Die amtliche Lebensmittelüberwachung soll Verbraucher vor Gefahren und Irreführung schützen. Sie hat dafür zwei Wege: Sie führt planmäßige Betriebskon-

trollen und Lebensmitteluntersuchungen im Handel,
bei Herstellern und in Gastronomiebetrieben durch.
Außerdem wird sie in Beschwerde- und Verdachtsfäl-
len aktiv.

Mit diesen Beschwerdegründen sind Sie bei der Lebensmittelüberwachung richtig:

- das Mindesthaltbarkeitsdatum ist manipuliert, zum
  Beispiel überklebt;
- (offensichtlich) verdorbene Produkte werden angeboten;
- die hygienischen Zustände sind auf Dauer man-
  gelhaft, zum Beispiel an Bedientheken oder in den
  Verkaufsräumen;
- Lebensmittel werden beim Händler offensichtlich
  falsch gelagert (zum Beispiel Kühlschränke oder
  Kühltruhen kühlen nicht ausreichend, Tiefkühlware
  ist dadurch angetaut);
- ein Lebensmittel, das Sie gekauft haben, hat einen
  auffälligen Geruch oder Geschmack;
- von einem Lebensmittel geht ein gesundheitliches
  Risiko aus (es enthält zum Beispiel Glassplitter, Me-
  tall- oder Plastikteile, die während der Verarbeitung
  beim Hersteller hineingelangt sind);
- Sie haben gesundheitliche Beschwerden (zum Beispiel Übelkeit) nach dem Verzehr eines Lebensmittels oder im Anschluss an ein Essen im Restaurant
  oder an der Imbissbude;
- die Pflichtangaben (siehe Klappentext) auf einem
  Lebensmittel fehlen;
- die Werbung und Aufmachung eines Lebensmittels
  ist offensichtlich irreführend.

Lebensmittelüberwachung ist Ländersache und damit in jedem Bundesland anders organisiert und ausgestattet. Ihre Anlaufstelle ist die Behörde des Landes, in dem Sie das bemängelte Produkt gekauft haben.

Leider gibt es keinen zentralen Überblick über die örtlichen Lebensmittelüberwachungsämter in den Bundesländern.

[] Tipp

Für eine Überprüfung des von Ihnen gemeldeten Falles durch die Lebensmittelüberwachung entstehen Ihnen keine Kosten. Die Lebensmittelüberwachung ist auf Ihre Mitarbeit angewiesen und verfolgt Ihre Beschwerde, wenn sie plausibel ist. Der Hersteller, der Handel oder der gastronomische Betrieb werden dann ggf. kontrolliert. Durch Ihre Beschwerde bewahren Sie also möglicherweise auch andere Verbraucher vor Schaden und sorgen dafür, dass dem Unternehmen künftig stärker auf die Finger geschaut wird. Das Geld, das Sie für das bemängelte Produkt bezahlt haben, bekommen Sie von der Lebensmittelüberwachung allerdings nicht zurück – und das Produkt als Beweismittel verbleibt natürlich für Untersuchungen dort.

Das Bundesinstitut für Risikobewertung (BFR; unter www.bfr.bund.de, Rubrik „Links", dann „Länder") und das Bundesamt für Verbraucherschutz und Lebensmittelsicherheit (BVL; unter www.bvl.bund.de, Rubrik „Lebensmittel", dann „Aufgaben", im Bereich „Lebensmittel", „Wer macht was") stellen Übersichten der zuständigen Länderministerien und der nachgeordneten Behörden im Internet zur Verfügung, von denen aus Verbraucher mehr oder weniger leicht zu den zuständigen Behörden vor Ort finden.

Das Internetportal www.lebensmittelwarnung.de bündelt die Informationen der Länderüberwachungen. Es wird vom BVL betrieben. Hier können Sie sich zentral über die Warnungen vor Lebensmitteln informieren, bei deren Verzehr eine Gesundheitsgefahr besteht. Anhand der Los- oder Chargennummer, die jedes verpackte Lebensmittel tragen muss, lässt sich klären, ob es aus der betroffenen Lieferung stammt.

Ordnungsämter – Ordnung muss sein!

Fehlt die Grundpreisangabe (siehe Seite 188) am Regal, ist dies ein Verstoß gegen den Grundsatz von „Preisklarheit und Preiswahrheit" und die Vorschriften der Preisangabenverordnung (PAngV). Hier kümmert sich das Ordnungsamt, das sich in vielen Städten mit der Lebensmittelüberwachung unter einem Dach befindet.

Zum Eichamt bei „Gewichtsproblemen"

Das Eichamt ist grundsätzlich zuständig, wenn die angegebene Füllmenge auf der Verpackung nicht mit der tatsächlichen Füllmenge des Produkts übereinstimmt. Es ist auch Ansprechpartner, wenn an der Bedientheke zum Beispiel das Einwickelpapier auf der Waage mitgewogen wurde und unzulässigerweise zum Preis des teuren Parma-Schinkens mitverkauft wurde oder die Pappschale zum Erdbeerpreis mitgewogen wurde. Beim Abwiegen muss nämlich die Taratate für die Verpackung eingestellt sein oder aber gedrückt werden. Sie können das daran erkennen, dass die Waage vor dem Abwiegen einen Minuswert anzeigt. Ist der Tarawert im Produktspeicher der Waage berücksichtigt, können Sie das zum Teil auf dem Kassenzettel erkennen. Das Nachwiegen mit Ihrer Küchenwaage liefert Ihnen keine verwertbaren Ergebnisse, sie sind in der Regel ungenau.

Für Abweichungen von der Nennfüllmenge bei Fertigpackungen gibt es unterschiedliche zulässige Toleranzen (siehe Seite 178). Nur wenn diese unterschritten werden, liegt tatsächlich eine Unterfüllung vor, die das Eichamt beim Hersteller beanstandet.

Auch ob es sich bei einer übergroßen Packung tatsächlich um eine Mogelpackung (siehe Seite 175), also um eine Täuschung im rechtlichen Sinn und damit einen Verstoß gegen das Gesetz gegen unlauteren Wettbewerb handelt, schätzt die Behörde ein. Ob tatsächlich ein Verstoß vorliegt, entscheiden jedoch die Gerichte im Einzelfall. Zuständig für Ihre Beschwerde sind die Eichbehörden der Bundesländer. Eine Übersicht finden Sie hier: http://eichamt.de/D-Karte.html.

www.lebensmittelklarheit.de – Das Internetportal der Verbraucherzentralen

Das kennen Sie sicher: Auf dem Fruchtdessert sind leckere Früchte abgebildet, aber ein näherer Blick auf die Zutatenliste zeigt, dass ausschließlich Aromen für den Geschmack sorgen. Oder haben Sie sich schon nach einem genauen Blick auf die Verpackung über die prominente, aber leider irreführende Werbung geärgert, das Produkt stamme „aus der Region", sei aus „traditioneller Herstellung" oder besonders gesund? Ob klangvolle Namen, verlockende Abbildungen hochwertiger Zutaten, nebulöse Qualitätsversprechen oder selbst verliehene Siegel: Es ist leider gängige Praxis, dass Hersteller Produkteigenschaften vortäuschen und Erwartungen wecken, die die Lebensmittel nicht erfüllen.

Verbraucher wenden sich seit Jahrzehnten mit Beschwerden und Anfragen an die Verbraucherzentralen in den Bundesländern, weil sie sich durch die Aufmachung, Bewerbung und Kennzeichnung von Lebensmitteln, Schlankheits- oder Nahrungsergänzungsmitteln getäuscht fühlen. Meist sind die beanstandeten Produkte (kennzeichnungs-)rechtlich in Ordnung: Wer auf jedem verarbeiteten Lebensmittel jederzeit das Kleingedruckte kontrolliert und richtig zu interpretieren weiß, kann sich manche Enttäuschung nach dem Kauf ersparen. Aber in manchen Fällen bestehen Kennzeichnungslücken oder gesetzliche Bestimmungen, die nicht mehr den heutigen Verbrauchererwartungen entsprechen. Hätten Sie zum Beispiel gewusst, dass schwarze Oliven, in deren Zutatenliste sich „Stabilisator Eisen-II-Gluconat" findet, eigentlich grüne Oliven sind, die durch den Zusatzstoff Eisen-II-Gluconat schwarz gefärbt sind?

Das Internetportal www.lebensmittelklarheit.de befasst sich mit den Grenzbereichen dessen, was rechtlich geregelt ist, was der allgemeinen Rechtsauffassung entspricht und wo der Täuschung Tür und Tor geöffnet sind, weil es im Lebensmittelrecht an Konkretisierungen fehlt.

Verbraucherportal mit Breitenwirkung

Wenn Sie sich durch Aufmachung oder Kennzeichnung eines Lebensmittels getäuscht fühlen, melden Sie es bei www.lebensmittelklarheit.de (siehe Seite 11):
- die Internetredaktion begutachtet die Beschwerde,
- kontaktiert den Hersteller,
- bittet ihn innerhalb einer Frist um Stellungnahme zu dem Täuschungsvorwurf und
- veröffentlicht irreführende oder täuschende Produkte – samt der Stellungnahme des Herstellers.

Das bleibt nicht ohne Wirkung: Etwa ein Drittel der gemeldeten und veröffentlichten Produkte wurde von den Anbietern geändert. Einige Produktkennzeichnungen oder -aufmachungen sind nachvollziehbar verbraucherfreundlicher gestaltet. Allerdings bedeutet die Veränderung nicht immer eine optimale Kennzeichnung. Die Redaktion von lebensmittelklarheit.de aktualisiert und bewertet, ob es sich um reine „Verpackungskosmetik" handelt. Das Portal bietet darüber hinaus einen umfangreichen Informationsbereich rund um Kennzeichnung und Aufmachung von Lebensmitteln und ein Expertenforum, das Verbraucherfragen beantwortet. An den regelmäßigen Umfragen können sich Nutzer aktiv beteiligen. Zusätzlichen Service liefern RSS, ein Newsletter und die Barcoo-App, mit der gemeldete Produkte unterwegs beim Einkauf abgerufen werden können.

Ärger mit Lebensmitteln? Verbraucherzentralen helfen

Die Experten der 16 Verbraucherzentralen der Bundesländer informieren Sie über Ihre Rechte im Bereich Lebensmittel und Ernährung. Sie schätzen ein, ob Sie Ansprüche gegen den Hersteller oder Händler geltend machen können. Sie weisen Ihnen gegebenenfalls auch den Weg zur passenden Beschwerdestelle. Die Verbraucherzentralen haben allerdings – anders als die Behörden – keine amtlichen Kontrollbefugnisse. Sie können auch keine eigenen labortechnischen oder sensorischen Untersuchungen durchführen und weder das mangelhafte Produkt ersetzen noch die Kosten erstatten.

Gut zu wissen

Bei irreführender Produktkennzeichnung und -werbung können die Verbraucherzentralen das Mittel der Verbandsklage einsetzen. Sie haben das Recht, stellvertretend für den einzelnen Verbraucher von Unternehmen die Unterlassung einer unzulässigen oder irreführenden Werbeaussage zu fordern oder auch gegen diese zu klagen. Auf diese Weise setzen sie die Einhaltung von Verbraucherrechten im Interesse vieler Verbraucher gerichtlich durch. Eine Befugnis für Verbandsklagen erhalten Einrichtungen und Vereine, die eine sachgerechte Aufgabenerfüllung gewährleisten. Voraussetzung dafür ist, dass der Verein qualifizierte Fachkräfte hat, die Verbraucher aufklären und beraten können.

Politische Forderungen der Verbraucherzentralen

Klartext statt Verbraucher-
täuschung bei Lebensmitteln

„Verbrauchertäuschung im Lebensmittelmarkt ist
kein Einzelfall – der politische Handlungsdruck ist
hoch". So lautete die Bilanz zum zweiten Jubiläum von
lebensmittelklarheit.de im Juli 2013. Tausende von
Produktmeldungen und Anfragen an das Internetportal
zeigen deutlich, wo Verbrauchern der Schuh drückt
und wo Handlungsbedarf besteht: Es geht um mehr
Klartext und Wahrheit bei der Kennzeichnung und
Aufmachung von Lebensmitteln durch richtige, eindeutige und verständliche Informationen auf den Verpackungen. Bei den gemeldeten Produkten geht es meist
um Begriffe und Bilder auf Lebensmittelverpackungen
und unklare oder gezielte Falschinformationen insbesondere auf der Vorderseite der Verpackungen.
Dadurch werden Verbraucher häufig getäuscht. Auch
wenn einige Unternehmen auf Verbraucherbeschwerden hin reagieren und ihre Produktaufmachungen verbessern, reicht das längst nicht aus.

Unsere Forderungen: Für umfassende Verbesserungen
der Lebensmittelkennzeichnung und -aufmachung
müssen sowohl rechtliche Regelungen als auch Leitsätze des Deutschen Lebensmittelbuchs konkretisiert,
aktualisiert oder ergänzt werden. Hierfür müssen der
Gesetzgeber und die Deutsche Lebensmittelbuchkom-
mission sorgen.

Um Änderungen anzustoßen, ist die Sicht der einzelnen
Verbraucher unverzichtbar: Und wenn diese Erwartungen mit Hilfe von repräsentativen Daten untermauert
werden, ist der letzte Beleg für notwendige Veränderungen am bestehenden Kennzeichnungsrecht geliefert.

Die Lebensmittelinformationsverordnung – ausbaufähig!

Hinter diesem sperrigen Begriff – kurz LMIV – stecken langjährige Debatten im europäischen Parlament. Die Verordnung wurde 2011 verabschiedet. Sie regelt, aktualisiert und modernisiert die bisher in Richtlinien festgelegten Regelungen zur Kennzeichnung und Bewerbung von Lebensmitteln. Die meisten Regelungen gelten jedoch erst ab Dezember 2014, die für Nährwertangaben sogar erst ab Ende 2016. Leider wurden wesentliche verbraucherpolitische Forderungen der Verbraucherverbände nicht umgesetzt – ein „Verdienst" der Lobbyisten der Lebensmittelwirtschaft, die gegen die Verordnung Sturm gelaufen sind.

Klare Bezeichnungen von Lebensmitteln gehören auf die Vorderseite

Die verbindlich vorgeschriebene Bezeichnung eines Lebensmittels (Verkehrsbezeichnung) soll Auskunft über die tatsächliche Beschaffenheit eines Lebensmittels geben und zeigen, woraus es sich zusammensetzt. Sie unterscheidet sich vom reinen Namen – der Fantasiebezeichnung des Anbieters, die sich meist prominent auf dem Hauptsichtfeld (Schauseite, siehe Glossar, Seite 218) der Verpackung befindet und wenig konkret ist. Fakt ist aber, dass zum Teil erst die Rückseite der Verpackung Auskunft über die wahre Zusammensetzung eines Lebensmittels gibt. So kann sich hinter dem Produktnamen „Lammsalami" durchaus eine Salami mit hohem Rindfleisch- und geringerem Lammanteil verstecken. Das wird aber erst beim Lesen des Zutatenliste und/oder der Verkehrsbezeichnung im Kleingedruckten auf der Rückseite klar (siehe Seite 51). Zudem entsprechen die Produktbezeichnungen nicht immer dem Verständnis der Verbraucher oder sind nicht aussagekräftig genug. Sie müssen darum immer mit dem Zutatenverzeichnis gelesen werden.

Nach der neuen LMIV ist die Bezeichnung eines Lebensmittels auf jeder Verpackung Pflicht. Wo sie stehen muss, das ist allerdings nicht geregelt. Die Entscheidung, welche Informationen der Verbraucher auf den ersten Blick erhält, bleibt also weiterhin allein dem Hersteller überlassen – sie kann sich auch im Kleingedruckten und schlecht lesbar auf der Rückseite oder in einem Verpackungsfalz verstecken.

Unsere Forderungen: Die nationale Lebensmittelkennzeichnungsverordnung (LMKV) bzw. die europäische LMIV muss nachgebessert werden: Die Bezeichnung eines Lebensmittels gehört in das Hauptsichtfeld einer Verpackung. Sie muss eindeutig, gut lesbar und mit einem Blick zu erkennen sein. Zudem muss der Maßstab für die Produktbezeichnung das aktuelle Verbraucherverständnis sein.

Für Durchblick sorgen – Lesbarkeit verbessern

Die Informationen und Kennzeichnungselemente auf Lebensmittelverpackungen müssen für jeden gut lesbar sein. Die Praxis sieht anders aus: Vor allem ältere Verbraucher beklagen die teilweise lächerlich kleine Schrift, die ohne Lupe häufig nicht zu entziffern ist.

Die LMIV schreibt ab Ende 2014 erstmalig eine verbindliche Schriftgröße für die Pflichtangaben einer Verpackung vor. Das ist zwar begrüßenswert, doch die Schriftgröße muss nur mindestens 1,2 Millimeter, bezogen auf die Buchstabenhöhe des kleinen „x", betragen. Bei Verpackungen mit kleineren Flächen als 80 cm² sind es sogar nur 0,9 Millimeter: Das ist deutlich zu klein! Vorschriften zu einem Mindestkontrast oder einer geeigneten Farbe sucht man in der LMIV vergebens. Dabei sind der Kontrast und die Farbwahl fast genauso wichtig wie die Schriftgröße. Wird zum Beispiel ein Zutatenverzeichnis in vielen Sprachen in weißer Schrift auf durchsichtiger Folie im Falz der Verpackung abgebildet, ist die gute Lesbarkeit illusorisch.

Unsere Forderungen: Die EU-Kommission muss einheitliche und praxistaugliche Empfehlungen zur Lesbarkeit von Verpackungsangaben entwickeln. Hier müssen die Vorgaben der LMIV nachgebessert werden. Die Mindestschriftgröße muss mindestens 3 Millimeter betragen.

Versteckspiel mit Zutaten beenden!

Die Zutatenliste gehört zu den wichtigsten Informationen auf den Lebensmittelverpackungen. Sie soll dem Käufer konkrete Hinweise über die Zusammensetzung eines Lebensmittels liefern. Tatsächlich ist sie aber auf einigen Lebensmitteln nicht vorgeschrieben.

Unsere Forderungen: Die Zutatenlisten müssen für alle verpackten Lebensmittel verpflichtend werden. Ausnahmebestimmungen müssen aus der LMKV und der LMIV beseitigt werden.

Zutatenabbildungen – was gezeigt wird, muss drin sein!

Aussagekräftige, ansprechende Lebensmittelverpackungen samt Namen sollen Verbraucher zum Kauf animieren. Die Darstellung oder Auslobung von Zutaten führt aber häufig zu Missverständnissen und enttäuschten Erwartungen bei Verbrauchern: So werden zum Beispiel Fruchtsäfte mit exotischen Fruchtabbildungen oder -namen beworben, obwohl diese Früchte nur in minimalen Mengen enthalten sind. Gleichzeitig werden preisgünstigere Hauptzutaten verschleiert. Für Zutaten, die weniger als zwei Prozent ausmachen, müssen Hersteller sogar überhaupt keine Mengen angeben.

Die Erwartung, welche Menge einer ausgelobten Zutat mindestens in einem Lebensmittel vorkommen sollte, ist so unterschiedlich wie die Menschen, die es kaufen. Deshalb bieten Vorschriften über Mindestmengen in Lebensmitteln keine Lösung. Ergebnisse aktueller Verbraucherforschung zeigen, dass Verbraucher sich in der Kombination von Wort und Bild über ein Produkt informieren. Laut dem Lebensmittel- und Futtermittel-Gesetzbuch darf ein Lebensmittel schon heute nicht über seine tatsächliche Beschaffenheit täuschen. Um Täuschungen zu entgehen, erwarten Verbraucher daher relativierende Angaben wie „mit xy% Fruchtanteil" deutlich sichtbar auf der Schauseite der Verpackungen.

In der Realität missbrauchen Hersteller oft den „Serviervorschlag" auf der Verpackung, um skurrile Abbildungen rechtssicher zu machen. In solchen Fällen wird auch schon mal die gar nicht im Produkt enthaltene Ente (siehe Seite 69) salonfähig gemacht, obwohl sie lediglich die Geschmacksrichtung symbolisieren soll.

Unsere Forderungen: Die dargestellten und werblich hervorgehobenen Zutaten auf Lebensmittelverpackungen müssen der tatsächlichen Zusammensetzung entsprechen. Die genauen Mengen müssen auf der Schauseite der Verpackung gut auffindbar, gut lesbar und genau benannt werden, erst recht wenn geringste Mengen hervorgehoben werden. Abbildungen von Zutaten dürfen nicht erlaubt sein, wenn ausschließlich Aromen den Geschmack liefern. In solchen Fällen muss direkt im Hauptsichtfeld der Verpackung der Hinweis „aromatisiert" oder „mit Aroma" erfolgen. Die LMKV und LMIV müssen angepasst werden: Hersteller werden verpflichtet, die Angaben zu genannten und abgebildeten Zutaten in direkter Umgebung zum Namen des Produktes und in angemessener Größe anzugeben.

Die Schleier lüften: Ursprung und Herkunft benennen!

Anfragen an das Portal zeigen: Verbraucher wollen wissen, wer ein Lebensmittel hergestellt hat und woher es kommt. Die Realität sieht aber meist anders aus: Statt des Herstellers kann nach geltendem Recht auch der Verpacker oder Verkäufer angegeben sein. Angaben wie „hergestellt für ..." haben kaum eine Aussagekraft.

Auch das Ursprungsland der Zutaten oder des gesamten Produktes bleibt meist im Unklaren. Diese Angabe ist nur bei wenigen Lebensmittelgruppen eine Pflichtkennzeichnung, die sich zudem auf unverarbeitete Ware beschränkt. So muss beispielsweise bei den meisten frischen Obst- und Gemüsearten das Ursprungsland angegeben sein, während es auf Tiefkühlobst und -gemüse und auf Konserven fehlen darf.

Die EU-Kommission lässt zurzeit in einer Folgenabschätzung für verschiedene weitere Lebensmittelgruppen prüfen, inwiefern die Angaben von Ursprungsland und Herkunftsort notwendig und praktikabel sind. Erste bekannt gewordene Prüfergebnisse für Fleisch als Zutat sind dabei aus Sicht der Verbraucher wenig zufriedenstellend (s. Kasten „Gut zu wissen" Seite 93).

Unsere Forderungen:
Herstellerangaben gehören auf alle Lebensmittelverpackungen. Die LMKV und die europäische LMIV sind anzupassen: Der Hersteller sollte verpflichtend auf der Verpackung genannt sein, Verpacker und Verkäufer allenfalls zusätzlich.

Angaben zum Ursprungsland verbessern. Die Angabe des Ursprunglandes muss generell auf unverarbeiteten Lebensmitteln und für die wesentlichen, wertgebenden Zutaten in verarbeiteten Lebensmitteln verpflichtend werden. Die LMIV ist entsprechend zu ergänzen.

Qualitätseigenschaften klar definieren und auszeichnen!

Die Werbung mit Qualitätseigenschaften wie Region, Tradition oder Tierschutz birgt ein großes Täuschungspotenzial: Bei den Qualitätsversprechen handelt sich nämlich um sogenannte Vertrauenseigenschaften, die Verbraucher nicht am Produkt beim Einkauf überprüfen können. So werben Anbieter zum Beispiel durch Abbildungen, Zutatenhervorhebungen oder den Produktnamen mit regionalen Bezügen. Selten wird dem Verbraucher deutlich, auf welchen Aspekt sich der Hinweis auf die Region bezieht – auf die Rezeptur, die Herkunft der Rohstoffe oder den Produktionsort.

Unsere Forderungen: Es sind eindeutige verbindliche Regeln erforderlich, wann und in welcher Form Unternehmen mit Qualitätseigenschaften werben dürfen. Die Vorschriften zum Schutz vor Täuschung in §11 des Lebensmittel- und Futtermittelgesetzbuchs (LFGB) müssen ergänzt werden. Die Bundesregierung muss gesetzliche Kriterien für die Verwendung des Begriffs „regional" oder vergleichbare Formulierungen schaffen.

Verbot von Werbung mit „frei von ...", wenn Zutaten gleicher Wirkung enthalten sind

Anbieter werben damit, dass bestimmte Inhaltsstoffe nicht enthalten sind, zum Beispiel „frei von ..." oder „ohne ...". Häufig werden jedoch andere Zutaten mit derselben Wirkung eingesetzt. Wird zum Beispiel ein Produkt mit dem Hinweis „ohne Zusatzstoff Geschmacksverstärker" beworben, kann es durchaus sein, dass es Hefeextrakte als geschmacksverstärkende Zutat enthält.

Unsere Forderung: Wir brauchen ein Verbot der Werbung für nicht vorhandene Zusatzstoffe oder Zutaten, wenn Stoffe gleicher Wirkung enthalten sind.

Mehr Gewicht für Verbraucherinteressen: Die Leitsätze des Deutschen Lebensmittelbuches modernisieren

Das Deutsche Lebensmittelbuch ist eine Sammlung von Leitsätzen, mit denen die Zusammensetzung, Beschaffenheit und Herstellung unterschiedlicher Produktgruppen beschrieben wird. Eine paritätisch aus Vertretern der Wissenschaft, der Lebensmittelwirtschaft, der Lebensmittelüberwachung und von Verbraucherschützern zusammengesetzte Kommission formuliert in den Leitsätzen die sogenannte Verkehrsauffassung all derer, die am Lebensmittelmarkt beteiligt sind. Vor allem wird „der redliche Hersteller- und Handelsbrauch unter Berücksichtigung der Erwartung des Durchschnittsverbrauchers an die betreffenden Lebensmittel" in den Leitsätzen festgehalten. Gibt es keine speziellen Produktverordnungen, orientieren sich Hersteller bei der Bezeichnung und Zusammensetzung ihrer Produkte an den Leitsätzen. Hersteller können auch von den Regelungen der Leitsätze abweichen, wenn die neue Zusammensetzung eines Produktes den Verbrauchern ausreichend kenntlich gemacht wird. Es darf zu keinen Verwechslungen mit Leitsatzprodukten kommen.

Der nicht zu unterschätzende Vorteil der Leitsätze ist die Beschreibung einer Mindestqualität, derer sich der Verbraucher sicher sein kann. Zu kritisieren ist jedoch die vergleichsweise langsame Arbeitsweise des Gremiums: Den Entwicklungen auf dem Lebensmittelmarkt hinken die Leitsätze und die darin beschriebenen Verkehrsauffassungen erheblich hinterher. Die überarbeitungsbedürftige Geschäftsordnung und die Abstimmungsmodalitäten werden zurzeit diskutiert. Notwendige Anpassungen werden beispielsweise wegen des Einstimmigkeitsprinzips blockiert. Prominentestes Beispiel hierfür ist das Scheitern eines allgemeingültigen horizontalen Leitsatzes zur Aufmachung und Kennzeichnung von Lebensmitteln mit Mindestanforderungen für eine klare und wahre Kennzeichnung.

Die Leitsätze sind verhältnismäßig oft die Ursache für enttäuschte Verbraucher. Das liegt daran, dass die darin beschriebenen Verkehrsauffassungen und Produktbezeichnungen veraltet sind und mittlerweile von dem aktuellen Verbraucherverständnis und der -erwartung abweichen. So ist der Bayerische Leberkäse ohne Leber oder die Geflügelwurst mit einem hohen Anteil an Schweinefleisch zwar so in den Leitsätzen beschrieben, Verbraucher erwarten hinter den Bezeichnungen mittlerweile aber etwas anderes als der Hersteller produziert. Die Konsequenz: 72 Prozent aller Verbraucher fühlen sich am Lebensmittelmarkt getäuscht, wie eine Studie des Verbraucherzentrale Bundesverbands gezeigt hat.

Gut zu wissen

Die in den Leitsätzen beschriebenen Mindestqualitäten beziehen sich auf Zutaten und Verarbeitungsschritte. Hersteller, die eine Bezeichnung für ihr Produkt aus dem Deutschen Lebensmittelbuch wählen, sollten sicherstellen, dass dieses dem zugehörigen Leitsatz entspricht. Davon unabhängig ist die lebensmittelhygienisch einwandfreie Qualität eines Lebensmittel. Sie ist für alle in den Verkehr gebrachten Lebensmittel gleichermaßen verpflichtend.

Unsere Forderungen: Aus Verbrauchersicht täuschende Verkehrsbezeichnungen der Leitsätze müssen in jedem Einzelfall so ergänzt werden, dass Täuschungen oder Verwechslungen nicht mehr zu erwarten sind. Das aktuelle Verbraucherverständnis muss der Maßstab für Produktbezeichnungen sein, die in den Leitsätzen festgelegt werden. Das muss ein horizontaler, also allgemeingültiger Leitsatz im Deutschen Lebensmittelbuch festlegen. Die Verbrauchererwartung muss viel mehr als früher und deutlich stärker bei der Beschreibung der Verkehrsauffassung berücksichtigt werden.
So müssen zum Beispiel die Leitsätze für Fleischerzeugnisse so geändert werden, dass alle verwendeten Tierarten im Zusammenhang mit der Tierart auf der Vorderseite genannt werden. Die Lebensmittelbuch-Kommission muss zudem mit ausreichenden Mitteln für Befragungen der Verbraucher ausgestattet werden.

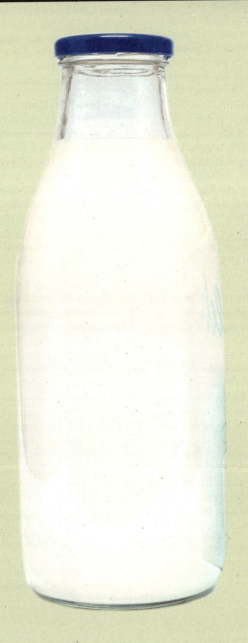

Glossar

Allergenkennzeichnung: Die wichtigsten Allergene – sie verursachen 90 Prozent aller Lebensmittelallergien – müssen auf verpackten Lebensmitteln immer deklariert werden. Dazu gehören glutenhaltiges Getreide, Fisch und Krebstiere, Eier, Erdnüsse, Soja, Milch bzw. Laktose, diverse Nussarten, Sellerie, Senf, Sesamsamen, Schwefeldioxid und Sulfite (in einer Konzentration von mehr als 10 mg/kg oder 10 mg/l), Lupinen und Weichtiere. Sind diese Hauptallergene als Zutaten vorhanden, so findet man sie entweder in der Zutatenliste oder als Teil der Verkehrsbezeichnung. Auch ein Hinweis wie „enthält Soja" ist möglich. Bei loser Ware müssen die potenziellen Allergene bislang nicht gekennzeichnet werden, das wird sich ab Dezember 2014 aber ändern.

Analogkäse: Käseimitat, auch Käseersatz oder Kunstkäse genannt, wird nicht oder weitgehend nicht aus Milch, sondern meist aus einer Mischung aus Pflanzenfett, Wasser, Eiweiß, Aromen und Farbstoffen hergestellt. Er wird hauptsächlich in der Gastronomie, bei Fertigprodukten und Bäckereiprodukten wie Käsebrötchen eingesetzt und ist erheblich kostengünstiger als echter Käse. In Aussehen und Geschmack ist er von echtem Käse schwer zu unterscheiden. Gegen die Vorschrift, dass weder durch Aufmachung, Werbung oder Etikett der Eindruck erweckt werden darf, dass es sich bei dem Imitat um Käse handelt, wird häufig verstoßen.

Aroma: Aromen werden Lebensmitteln zugesetzt, um ihnen einen besonderen Geruch und/oder Geschmack zu verleihen. Die Bezeichnung „künstliches Aroma" gibt es lebensmittelrechtlich nicht mehr, sondern nur noch den Überbegriff „Aroma". Wird Aroma als „natürlich" bezeichnet, so stammt es aus natürlichen Quellen, aber nicht unbedingt aus Lebensmitteln. Heißt es aber etwa „natürliches Himbeeraroma", so muss dieses zu 95 Prozent aus Himbeeren stammen.

„Clean Label": Als Clean Label (engl. = „sauberes Etikett") bezeichnet man werbliche Siegel oder Hinweise auf Lebensmitteln, die auf das Fehlen bestimmter ⤳ Zusatzstoffe und/oder Aromen verweisen, zum Beispiel „ohne Zusatzstoff Geschmacksverstärker". Lebensmittel mit Clean Label enthalten statt der Zusatzstoffe allerdings häufig ⤳ Zutaten mit ähnlicher Wirkung (zum Beispiel farbige Pflanzenextrakte zur Färbung oder Hefeextrakt zur Geschmacksverstärkung).

Convenience-Produkte (engl. = Bequemlichkeit, Komfort): Lebensmittel, bei denen einzelne oder mehrere Zubereitungsschritte schon vom Hersteller vorgenommen wurden. Man unterscheidet sie in küchenfertig (zum Beispiel unzubereitetes Tiefkühl-Gemüse, Fischfilet); garfertig (zum Beispiel Nudeln oder Tütensuppen); zubereitungsfertig (zum Beispiel Suppenkonserven, Tiefkühl-Fertiggerichte oder Kartoffelpüreepulver); verzehrsfertig (Fischkonserven, Backwaren, Speiseeis oder Fruchtjoghurt).

E-Nummern: siehe Zusatzstoffe

EU-Lebensmittelinformationsverordnung (LMIV): Die Verordnung soll für klare Verbraucherinformationen beim Lebensmittel-einkauf sorgen und europaweit einheitlich die Kennzeichnung von Lebensmitteln und deren Nährwerte regeln.

Sie löste im Dezember 2011 die nationalen Verordnungen ab. Unter anderem schafft die LMIV einheitliche Kennzeichnungen für Allergene, für Kalorien- und Nährwertangaben, Angaben zu Mindesthaltbarkeits- oder Verbrauchsdatum, für Lebensmittelimitate und zu Herkunftsort und Ursprungsland. Viele Regelungen müssen erst ab Dezember 2014 umgesetzt sein, die zur einheitlichen Nährwertkennzeichnung sogar erst Ende 2016.

European Food Safety Authority (EFSA) – Europäische Behörde für Lebensmittelsicherheit: Die EFSA befasst sich mit allen Themen, die Auswirkungen auf die Lebensmittel- oder Futtermittelsicherheit haben (Tiergesundheit, Tierschutz, Pflanzenschutz, Pflanzengesundheit, Ernährung). Sie bietet wissenschaftliche Beratung und Informationen in Form von Stellungnahmen oder Risikobewertungen im Zusammenhang mit der Lebensmittelkette.

Fertigpackungen: Die meisten im Supermarkt angebotenen Waren sind Fertigpackungen. Das Eichgesetz definiert als Fertigpackung ein Erzeugnis (Lebensmittel, aber auch Reinigungsmittel oder Kosmetika) in einer beliebigen Verpackung, die in Abwesenheit des Käufers abgepackt und verschlossen wurde und deren Inhalt man nicht ohne Öffnen oder merkliche Veränderung der Verpackung beeinflussen kann.

Fettsäuren: Bausteine der meisten Nahrungsfette. Man unterscheidet gesättigte, einfach ungesättigte und mehrfach ungesättigte Fettsäuren. Sie unterscheiden sich in ihrer Wirkung auf den menschlichen Organismus: Gesättigte Fettsäuren erhöhen, einfach und mehrfach ungesättigte Fettsäuren senken den Blut-Cholesterinspiegel. Pflanzliche Öle haben in der Regel hohe Anteile an einfachen und mehrfach ungesättigten Fettsäuren. Tierische Fette bestehen vorwiegend aus gesättigten Fettsäuren. Durch das industrielle Härten sollen Fette hitzestabiler und streichfähiger gemacht werden. Bei verpackten Lebensmitteln sind gehärtete Fette in der Zutatenliste zu erkennen, zum Beispiel als „pflanzliches Öl, zum Teil gehärtet". Bei der unvollständigen industriellen Härtung von Pflanzenölen entstehen Trans-Fettsäuren. Sie werden als Mitverursacher von koronaren Herzkrankheiten angesehen (Arteriosklerose, Herzinfarkt).

Firmenanschrift: Der Firmenname und die Anschrift gehören zur ⋯⟩ Pflichtkennzeichnung. Über die angegebene Adresse muss die Firma postalisch erreichbar sein (Adresse oder Postfach). Hier kann aber statt des Herstellers auch der Verpacker oder Verkäufer stehen, sofern er im europäischen Wirtschaftsraum niedergelassen ist.

Formfleisch: Ggf. unter Zugabe von Salz und Nitropökelsalz aus kleinen Fleischstücken zusammengesetzte Fleischprodukte wie Formfleisch-Schinken oder Formfleisch-Schnitzel, die den natürlich gewachsenen Fleischteilen nachgebildet sind. Um Verwechslungen mit höherpreisigem natürlich gewachsenem Fleisch zu vermeiden, müssen Formfleischerzeugnisse eindeutig gekennzeichnet sein.

Füllmenge: Sie gehört ebenfalls zur ⋯⟩ Pflichtkennzeichnung. Die Füllmenge nennt Gewicht (in Gramm oder Milligramm), Volumen (in Liter oder Milliliter, meist bei flüssigen Lebensmitteln wie Milch oder Saft) oder Stückzahl des enthaltenen Lebensmittels. Verpackungen müssen die auf der Verpackung angegebene sogenannte Nennfüllmenge aber nur durchschnittlich aufweisen: Für eine bestimmte Anzahl unterfüllter Verpackungen muss auch eine entsprechende Anzahl abgepackt sein, bei der die Nennfüllmenge überschritten wird. Für die einzelne Verpackung gelten Toleranzen, deren Unterschreitung illegal ist.

Geschmacksverstärker: Sie gehören zu den Zusatzstoffen und dienen dazu, einen vorhandenen Geschmack zu verstärken oder abzurunden. Die bekanntesten Geschmacksverstärker sind Glutamate, Inosinate und Guanylate. Typische Einsatzbereiche sind Suppen, Soßen und Fertiggerichte.

Gesundheitsbezogene Angaben (Health Claims): Aussagen oder Abbildungen auf einem Lebensmittel oder in der Werbung, die vermitteln, dass ein Produkt und/oder dessen Inhaltsstoffe Vorteile für die Gesundheit bringen. Die Verwendung gesundheitsbezogener Angaben wird EU-weit einheitlich durch die sogenannte Health-Claims-Verordnung reglementiert. Seit Ende 2012 sind auf Lebensmitteln ca. 220 unterschiedliche gesundheitsbezogene Angaben erlaubt. Die zugelassenen Aussagen entsprechen den allgemein anerkannten wissenschaftlichen Erkenntnissen. Viele der erlaubten Claims beschreiben die Stoffwechselfunktionen von Vitaminen und Mineralstoffen im menschlichen Körper.

Grundpreis: Er steht am Regal zusätzlich zum Endpreis auf dem Preisschild und gehört für die meisten Lebensmittel zu den ···> Pflichtangaben. Er benennt, wie teuer ein Lebensmittel bezogen auf eine bestimmte Menge, meist ein Kilogramm oder ein Liter, ist. Wie der Grundpreis zu ermitteln und anzugeben ist, schreibt die Preisangaben-Verordnung vor. Bei Waren, die üblicherweise als Stück verkauft werden (etwa Zitronen oder Gurken), ist keine Grundpreisangabe erforderlich.

Hauptsichtfeld: Lebensmittelrechtlicher Begriff für das Sichtfeld einer Verpackung, das vom Verbraucher beim Kauf höchstwahrscheinlich auf den ersten Blick wahrgenommen wird. Vielfach spricht man einfacher von

der „Vorderseite", obwohl dies nicht ganz korrekt ist, denn beispielsweise bei Feinkostsalaten oder Milchprodukten kann auch die Oberseite das Hauptsichtfeld sein. Auch die Bezeichnung „Schauseite" wird alternativ zu „Hauptsichtfeld" verwendet.

Health Claims: siehe Gesundheitsbezogene Angaben

Herkunftsangaben: Angaben zum Ursprungsland oder Herkunftsort sind auf den meisten Lebensmitteln nicht verpflichtend. Bei einigen Lebensmittelgruppen muss das Ursprungsland angegeben sein, zum Beispiel bei den meisten frischen Obst- und Gemüsearten, bei Fisch und bei Eiern. Die europaweit einheitlich geregelten Kennzeichnungen „geschützte Ursprungsbezeichnung" (g. U.) und „geografisch geschützte Angabe" (g. g. A.) zeichnen Spezialitäten aus bestimmten Regionen aus. Bei vielen auf Verpackungen genannten Orten und Regionen ist für Käufer unklar, ob sie sich beispielsweise auf den Verarbeitungsort, den Ursprung der Rohwaren oder die Rezeptur beziehen.

Identitätskennzeichen: Es ist eine Pflichtkennzeichnung auf tierischen Lebensmitteln, stellt aber keine Verbraucherinformation dar, sondern dient der Lebensmittelüberwachung, die damit Produkte bis zu den Rohstoffen zurückverfolgen kann. Es besteht aus dem Länderkürzel (zum Beispiel „DE" für Deutschland), der Betriebsnummer (Abkürzung des Bundeslandes und einer Nummer des jeweiligen Betriebs) und der Angabe „EG" für Europäische Gemeinschaft. Genannt ist aber nur der Betrieb der letzten Bearbeitung – das kann also auch nur der verpackende Betrieb sein.

Leitsätze des Deutschen Lebensmittelbuchs: Die Leitsätze werden von der Deutschen Lebensmittelbuch-Kommission erarbeitet. Sie definieren allgemein verständliche und übliche ⟶ Verkehrsbezeichnungen und beschreiben die Herstellung, Beschaffenheit oder sonstige Merkmale, die üblicherweise bei den jeweiligen Lebensmitteln erwartet werden (zum Beispiel welche Rohstoffe bei der Herstellung eingesetzt werden, wie hoch der Anteil an Wert gebenden oder Wert mindernden Zutaten mindestens oder maximal sein sollte. Leitsätze werden als Entscheidungshilfe bei rechtlichen Auseinandersetzungen herangezogen, sind aber nicht rechtsverbindlich. Sie haben einen vergleichbaren Stellenwert wie Sachverständigengutachten.

Mengenkennzeichnung (QUID, Quantitative Ingredient Declaration): Ist eine bestimmte Zutat in der Verkehrsbezeichnung angegeben (zum Beispiel „Käse-Tortellini") oder durch Abbildung oder Worte auf der Verpackung hervorgehoben, dann muss der prozentuale Mengenanteil in der Zutatenliste oder in der Verkehrsbezeichnung angegeben werden.

Mindesthaltbarkeitsdatum: Das Mindesthaltbarkeitsdatum (MHD) ist eine ⟶ Pflichtkennzeichnung. Es gibt an, bis zu welchem Zeitpunkt das ungeöffnete und richtig gelagerte Lebensmittel seine maßgeblichen Qualitätseigenschaften wie Geschmack, Geruch und Nährwert mindestens behält. Lebensmittel dürfen auch nach Ablauf des MHD noch verkauft werden (Ausnahme: Eier). Zu unterscheiden davon ist das ⟶ Verbrauchsdatum.

Mogelpackung: Das Eichgesetz spricht von einer „täuschenden Verpackung". Das Produkt täuscht eine größere Füllmenge und damit ein besseres Preis-Leistungs-Verhältnis

vor. Das Gesetz enthält keine Regelung des Verhältnisses von Inhalt und Verpackung. In der Praxis geht man meist dann von einer Täuschung des Verbrauchers aus, wenn der Freiraum in der Packung mehr als 30 Prozent beträgt.

Nährwertbezogene Angaben: Aussagen oder Abbildungen auf einem Lebensmittel oder in der Werbung, die vermitteln, dass ein Produkt einen besonderen Nährwert besitzt. Dabei kann sowohl ein hoher Nährstoffgehalt (zum Beispiel „reich an Ballaststoffen") als auch ein niedriger Anteil an Energie und Nährstoffen (zum Beispiel „ohne Zuckerzusatz" oder „fettfrei") beworben werden.

Welche nährwertbezogenen Angaben verwendet werden dürfen und wie hoch der Nährstoffgehalt dann jeweils sein muss, ist EU-einheitlich über eine verbindliche Liste geregelt.

Nährwertkennzeichnung: Sie ist zurzeit meist eine freiwillige Angabe. Verpflichtend ist die Information über den Brennwert (Kalorien) und die enthaltenen Nährstoffe vor allem in folgenden Fällen:

- bei Lebensmitteln, die mit gesundheitsbezogenen oder nährwertbezogenen Angaben beworben werden (zum Beispiel „fettarm", „reich an Ballaststoffen" oder „senkt den Cholesterinspiegel").

- bei Lebensmitteln für besondere Ernährungsbedürfnisse, zum Beispiel Säuglingsanfangsnahrung oder natriumarme Produkte.

Die Nährwertkennzeichnung erfolgt in Form einer Tabelle. Sie enthält mindestens den Brennwert (Energiegehalt) und die Hauptnährstoffe Fett, Eiweiß und Kohlenhydrate sowie den beworbenen Nährstoff. Die Angaben müssen sich auf 100 Gramm oder

100 Milliliter eines Lebensmittels beziehen; zusätzlich können sie pro Portion angegeben sein. Die Festsetzung der Portionsgröße trifft der Hersteller. Bei Vitaminen und Mineralstoffen muss angegeben werden, wie viel Prozent der empfohlenen Tageszufuhr das Lebensmittel liefert.

Nennfüllmenge: siehe Füllmenge

Ökologischer Landbau: Lebensmittel, die sich als „ökologisch" oder „biologisch" bezeichnen oder ein Biosiegel tragen, müssen aus ökologischer Erzeugung stammen und erfüllen somit mindestens die Vorgaben der EG-Öko-Verordnung. Zur Kennzeichnung gehören das EU-Bio-Logo (weiße Sterne auf einem grünen Blatt), die Öko-Kontrollstelle sowie die Angabe, ob die Zutaten aus einem bestimmten EU-Land, aus der EU-Landwirtschaft und/oder aus der Nicht-EU-Landwirtschaft stammen. Zusätzlich können das deutsche Bio-Siegel und/oder die Zeichen der Anbauverbände (zum Beispiel Bioland, Demeter) verwendet werden.

Schauseite: siehe Hauptsichtfeld

Ursprungsland: Es muss nur bei einigen wenigen Lebensmittelgruppen wie Frischobst und -gemüse, bei Honig, nativem Olivenöl, frischem und gefrorenem Fisch (Fanggebiet), bei Eiern und bei frischem und gefrorenem Rindfleisch angegeben werden. Wird unverarbeitetes Geflügelfleisch aus Nicht-EU-Staaten angeboten, ist diese Kennzeichnung ebenfalls verpflichtend. Nicht mehr obligatorisch ist die Angabe des Ursprungslandes, sobald diese Lebensmittel den kleinsten Verarbeitungsschritt erfahren – zum Beispiel Rindfleisch gesalzen oder Frischobst und Gemüse tiefgekühlt werden.

Verbrauchsdatum: Kennzeichnung auf leicht verderblichen Lebensmitteln wie Hackfleisch. Anders als das ⇢ Mindesthaltbarkeitsdatum gibt das Verbrauchsdatum den Zeitpunkt an, bis zu dem das Lebensmittel verbraucht werden sollte. Nach dem angegebenen Zeitpunkt darf das Produkt nicht mehr verkauft werden.

Verkehrsbezeichnung: Die Verkehrsbezeichnung zählt zu den Pflichtkennzeichnungen. Sie beschreibt das Lebensmittel, indem sie seine Art und die charakteristischen Merkmale angibt. Im Gegensatz zum Produktnamen, der fantasievoll sein darf, bleiben Verkehrsbezeichnungen sachlich, zum Beispiel „Mehrfrucht-Fruchtsaftgetränk" oder „Milchmischgetränk mit Bananengeschmack".

Wettbewerbszentrale: Die Zentrale zur Bekämpfung des unlauteren Wettbewerbs e. V. ist eine als gemeinnütziger Verein tätige Selbstkontrollinstitution der Wirtschaft, die sich für die Förderung des fairen Wettbewerbs einsetzt. Sie kann bei Verstößen gegen das Gesetz gegen den unlauteren Wettbewerb (UWG), zum Beispiel im Fall von Irreführung oder Täuschung, im Rahmen ihrer Verbandsklagebefugnis Unternehmen abmahnen oder auf Unterlassung verklagen.

Zusatzstoffe: Zusatzstoffe sind natürliche oder synthetische Stoffe, die Lebensmitteln zugegeben werden können, um bestimmte Eigenschaften wie Farbe, Struktur oder Haltbarkeit zu beeinflussen oder die Produktion und Verarbeitung zu erleichtern. Zusatzstoffe müssen zugelassen sein. Auf verpackter Ware müssen sie im Zutatenverzeichnis mit ihrem Klassennamen (zum Beispiel „Konservierungsstoff" oder „Farbstoff") und ihrem Namen (z. B. „Benzoesäure") oder der europaweit einheitlichen E-Nummer (zum Beispiel „E 210") genannt werden.

Zutaten, Zutatenliste, Zutatenverzeichnis: Es gehört zu den Pflichtkennzeichnungen auf Lebensmittel-Fertigpackungen (Ausnahmen siehe Seite 164). Das Zutatenverzeichnis listet sämtliche Zutaten in der Reihenfolge ihres Gewichtsanteiles auf. An erster Stelle steht die Zutat, die den größten Anteil im Produkt ausmacht. Benannt werden müssen auch „Zutaten der Zutaten": Bei der „Pizza Salami" genügt es nicht, „Salami" als Zutat zu nennen; die einzelnen Bestandteile der Salami müssen ebenfalls angegeben werden.

Verwendete und weiterführende Literatur

Faltblätter

Einkaufshilfe oder schöne Worte? Verkehrsbezeichnung bei Lebensmitteln, Verbraucherzentrale Nordrhein-Westfalen e.V. (Hrsg.) 2012

Alkohol – versteckt in Lebensmitteln. Verbraucherzentrale Baden-Württemberg e.V. 2007

„Ohne Zusatzstoffe" Verwirrspiel auf den Etiketten. Verbraucherzentrale Nordrhein-Westfalen e.V. 2010

Woher kommen unsere Lebensmittel? Lebensmittel aus aller Welt – Kennzeichnung lückenhaft und missverständlich. Verbraucherzentrale Nordrhein-Westfalen e.V. 2012

Nicht ohne Grund – Preisangaben im Lebensmittelhandel. Verbraucherzentralen Baden-Württemberg, Berlin und Sachsen 2011

Alles gesünder – oder? Das steckt hinter der Werbung mit nährwertbezogenen Angaben. Verbraucherzentrale Sachsen-Anhalt e.V. 2008

Dickmachern auf der Spur – Ampelcheck im Supermarkt. Verbraucherzentrale Nordrhein-Westfalen e.V. , Verbraucherzentrale Hamburg e.V. 2008

Ratgeber

Bärenstarke Kinderkost – einfach, schnell, lecker. Verbraucherzentrale Nordrhein-Westfalen e.V. (Hrsg.) 12. aktualisierte Auflage, 2011

Gesunde Ernährung von Anfang an – Stillen, Säuglingsnahrung, Brei und Gläschenkost. Verbraucherzentrale Hamburg e.V. (Hrsg.),18. Auflage, März 2012

Was bedeuten die E-Nummern? Lebensmittel-Zusatzstoffliste. Verbraucherzentrale Hamburg e.V. (Hrsg.), 66. überarb. Aufl. 2011

Studien

Zühlsdorf, Anke/Spiller, Achim: Grauzone Lebensmittelkommunikation. Empirische Studie zur Verbraucherwahrnehmung im Spannungsfeld von Informationsanforderungen und Aufmerksamkeitsregeln. Im Auftrag der Verbraucherzentralen. Juni 2012.

Zühlsdorf, Anke/Spiller, Achim: Trends in der Lebensmittelvermarktung. Begleitforschung zum Internetportal lebensmittelklarheit.de (Studie Teil I): Marketingtheoretische Einordnung praktischer Erscheinungsformen und verbraucherpolitische Bewertung. Januar 2012

Zühlsdorf, Anke/Spiller, Achim/Nitzko, Sina: Kennzeichnung und Aufmachung von Lebensmitteln aus Sicht der Verbraucher: Empirische Untersuchungsbefunde im Rahmen des Projekts „Fokusgruppen und Verbraucherbefragungen als begleitende Verbraucherforschung zum Internetportal www.lebenmittelklarheit.de der Verbraucherzentralen und des Verbraucherzentrale Bundesverbands", Mai 2013

Infratest dimap: „Landwirtschaft in Deutschland" – Ergebnisse einer repräsentativen Erhebung für das BMELV im Januar 2013

Adressen

Verbraucherzentralen

Verbraucherzentrale Baden-Württemberg e. V.
Telefon: 0 18 05/50 59 99 (0,14 €/min.,
Mobilfunkpreis maximal 0,42 €/min.)
www.vz-bawue.de

Verbraucherzentrale Bayern e. V.
Telefon: 0 89/5 39 87-0
www.verbraucherzentrale-bayern.de

Verbraucherzentrale Berlin e. V.
Telefon: 0 30/2 14 85-0
www.vz-berlin.de

Verbraucherzentrale Brandenburg e. V.
Telefon: 03 31/2 98 71-0
www.vzb.de

Verbraucherzentrale des Landes Bremen e. V.
Telefon: 04 21/1 60 77-7
www.verbraucherzentrale-bremen.de

Verbraucherzentrale Hamburg e. V.
Telefon: 0 40/2 48 32-0
www.vzhh.de

Verbraucherzentrale Hessen e. V.
Telefon: 0 18 05/97 20 10 (0,14 €/min.,
Mobilfunkpreis maximal 0,42 €/min.)
www.verbraucherzentrale-hessen.de

**Verbraucherzentrale
Mecklenburg-Vorpommern e. V.**
Telefon: 03 81/2 08 70 50
www.nvzmv.de

Verbraucherzentrale Niedersachsen e. V.
Telefon: 05 11/ 9 11 96-0
www.verbraucherzentrale-niedersachsen.de

Verbraucherzentrale Nordrhein-Westfalen e. V.
Telefon: 02 11/38 09-0
www.vz-nrw.de

Verbraucherzentrale Rheinland-Pfalz e. V.
Telefon: 0 61 31/28 48-0
www.verbraucherzentrale-rlp.de

Verbraucherzentrale des Saarlandes e. V.
Telefon: 06 81/5 00 89-0
www.vz-saar.de

Verbraucherzentrale Sachsen e. V.
Telefon: 03 41/69 62 90
www.verbraucherzentrale-sachsen.de

Verbraucherzentrale Sachsen-Anhalt e. V.
Telefon: 03 45/2 98 03-29
www.vzsa.de

Verbraucherzentrale Schleswig-Holstein e. V.
Telefon: 04 31/5 90 99-0
www.verbraucherzentrale-sh.de

Verbraucherzentrale Thüringen e. V.
Telefon: 03 61/5 55 14-0
www.vzth.de

Verbraucherzentrale Bundesverband e. V.
Telefon: 0 30/2 58 00-0
www.vzbv.de

Frucht-snack

LEBENSMITTEL
KLARHEIT

Mehr versprochen
als gehalten

Fühlen Sie sich durch Aufmachung oder Kennzeichnung von Lebensmitteln getäuscht?
Melden Sie Produkte auf
lebensmittelklarheit.de

Gefördert durch:

 Bundesministerium
für Ernährung
und Landwirtschaft

aufgrund eines Beschlusses
des Deutschen Bundestages

Impressum

Herausgeber
Verbraucherzentrale Nordrhein-Westfalen e. V.
Mintropstraße 27, 40215 Düsseldorf
Telefon: 02 11/38 09-555
Fax: 02 11/38 09-235
E-Mail: ratgeber@vz-nrw.de
www.vz-nrw.de

Mitherausgeber
Verbraucherzentrale Bundesverband e. V.
Verbraucherzentrale Baden-Württemberg e. V.
Verbraucherzentrale Hamburg e. V.
Verbraucherzentrale Hessen e. V.
(Adressen siehe Seite 228)

Diese Publikation erscheint im Rahmen der Verlagsgemeinschaft Stiftung
Warentest und Verbraucherzentrale NRW e. V.
Das Bundesministerium für Ernährung und Landwirtschaft (BMEL) fördert
das Portal lebensmittelklarheit.de im Rahmen der Initiative „Klarheit und
Wahrheit bei der Kennzeichnung und Aufmachung von Lebensmitteln".

Autorinnen	Birgit Klein, Andrea Schauff, Claudia Weiß; Janina Löbel (Kapitel „Schön getrickst? So hilft dieser Ratgeber" und „Politische Forderungen der Verbraucherzentralen")
Koordination	Frank Wolsiffer
Fachliche Beratung	Isabelle Mühleisen, Anne-Katrin Wiesemann
Lektorat	Heike Plank
Korrektorat	Hartmut Schönfuß, Berlin
Umschlaggestaltung	Ute Lübbeke, www.LNT-design.de
Gestaltungskonzept	punkt8, Berlin
Layout und Satz	Ute Lübbeke, www.LNT-design.de
Bildnachweis	plainpicture/Thordis Rüggeberg (Titelbild), Artville (S. 5, 38, 200, 210), Fotolia.com (S. 13, 46, 221),
Druck	Stürtz GmbH, Würzburg Gedruckt auf 100 % Recyclingpapier
Redaktionsschluss:	Februar 2014